Torre de Babel –
Último piso

Torre de Babel –
Último piso

Israel y el futuro de la humanidad

LAITMAN
KABBALAH PUBLISHERS

Rav Dr. Michael Laitman

TORRE DE BABEL – ÚLTIMO PISO
Israel y el Futuro de la Humanidad

Publicado por Laitman Kabbalah Publishers
www.kabbalah.info   info@kabbalah.info
1057 Steeles Avenue West, Suite 532, Toronto, ON, M2R 3X1, Canadá
194 Quentin Rd, 2° piso, Brooklyn, New York, 11223, USA

Impreso en Canadá

Library of Congress Cataloging-in-Publication Data
Laitman, Michael.
Torre de Babel – Último piso:
Israel y el Futuro de la Humanidad /
Michael Laitman; traducción y edición: Norma Livne;
revisión: Kate Weibel
p. cm.
ISBN-13: 978-0-9781590-6-1
1. Jews–Election, Doctrine of. 2. Altruism.
3. Nature–Religious aspects–Judaism.
4. Cabala–History. 5. Israel–Forecasting.
I. Weibel, Kate. II. Title.
BM613.L35 2007
296.3'1172–dc22   2007015638

Traducción y edición: Norma Livne
Revisión: Kate Weibel
Arte cortesía de: P. Bruegel
Diseño y gráfica: Baruch Khovov, Rami Yaniv
Impresión y post-producción: Uri Laitman
Editor ejecutivo: Oren Levi

ISBN: 978-0-9781590-6-1
PRIMERA EDICIÓN: MAYO 2007

Torre de Babel – Último piso
ÍNDICE

Acerca del Autor

El cabalista Rav Dr. Michael Laitman cuenta con un doctorado en filosofía y Cabalá del Alto Instituto de Filosofía de la Academia Rusa de Ciencias de Moscú, y una maestría en bio-cibernética de la Facultad de Biología y Cibernética del Instituto de Ciencia en la Universidad de St. Petersburgo.

Además de su trabajo como científico e investigador, el Rav Laitman ha estado estudiando y enseñando Cabalá por los pasados treinta años. Como cabalista, ha publicado más de treinta libros y numerosos ensayos académicos sobre el tema, los cuales han sido traducidos a diez idiomas hasta ahora.

El Rav Laitman fue discípulo y asistente personal del Rabí Baruj Shalom HaLeví Ashlag (el Rabash), el primogénito y sucesor del Rabí Yehuda Leib HaLeví Ashlag, conocido como Baal HaSulam (Propietario de la Escalera), por ser el autor del *Sulam* (Escalera), el comentario más respetado sobre *El Libro del Zohar*. Por doce años, el Rav Laitman devotamente estudió con el Rabash, y absorbió de él las enseñanzas de Baal HaSulam.

Baal HaSulam es considerado el sucesor de Arí HaKadosh (El Santo Arí), autor de *El Árbol de la Vida*. Yehuda Ashlag también facilitó el camino para que nuestra generación fuera admitida en el estudio de la Cabalá. Gracias a su metodología, cualquiera puede beneficiarse del conocimiento (fuentes auténticas) de la Cabalá, el legado de los antiguos cabalistas.

El Rav Laitman sigue los pasos de su mentor y continúa cumpliendo su misión en la vida: diseminar la sabiduría de la Cabalá al mundo. Tras el fallecimiento del Rabash en 1991, Laitman estableció Bnei Baruj, un grupo de estudiantes que estudia, enseña, e implementa las enseñanzas de Baal HaSulam y su hijo, Baruj, diariamente.

A través del tiempo, Bnei Baruj se ha convertido en un extenso movimiento internacional con miles de miembros en Israel y alrededor del mundo. Las lecciones del Rav Laitman son transmitidas diariamente por satélite y TV por cable en Israel, en los Estados Unidos, y en Internet por medio de www.kab.tv

Además, Laitman es fundador y presidente del Instituto Ashlag de Investigación (ARI), cuya meta es cultivar un diálogo abierto acerca de la Cabalá y la ciencia. Sus extensas actividades educativas lo hicieron acreedor del título de Profesor de Ontología de la Academia Rusa de

Ciencias en Moscú. En años recientes, el Dr. Laitman ha estado cooperando con líderes científicos en la investigación de la Cabalá y la ciencia contemporánea.

Cuando se le pregunta sobre cómo compagina la Cabalá y la ciencia en su vida, él responde:

"Cuando terminé la escuela, busqué una profesión que me permitiera investigar el significado de la vida. Sentí que estudiando la Naturaleza a través de lentes científicos me ayudaría a encontrar la respuesta. Es por esto que comencé a estudiar bio-cibernética, un campo del conocimiento que investiga los sistemas de la vida y el orden que dicta su existencia. Esperaba que al estudiar cómo vivimos, eventualmente encontraría por lo que estamos viviendo. Esta es la pregunta que encuentra su lugar en el corazón de cada persona joven, pero se disipa en la vorágine de la vida diaria.

"Cuando concluí mis estudios, tomé un trabajo en el Instituto de Investigación de Hematología en Leningrado. Aún como estudiante, estaba intrigado sobre cómo las células orgánicas mantienen vida, y cómo cada célula está perfectamente integrada en todo el cuerpo. Es costumbre investigar la estructura misma de la célula y sus diferentes funciones, y preguntar acerca del propósito de su existencia y cómo sus acciones están relacionadas con todo el organismo. Sin embargo, no pude encontrar una respuesta a mi pregunta acerca del propósito de la existencia del organismo entero.

"Asumí que el cuerpo, como las células en su interior, es parte de un todo más grande. Pero mis intentos por investigar esta hipótesis fueron repetidamente frustrados.

Se me decía que la ciencia no se involucra en estas cuestiones.

"Todo esto ocurrió en los 70's en Rusia. Desilusionado, decidí dejar Rusia tan pronto como pude. Anhelaba poder continuar en Israel la investigación que tanto cautivó mi corazón. Y así, en 1974, después de ser un *refusenik* (alguien cuya solicitud de dejar Rusia para ir a Israel es rechazada) por cuatro años, finalmente arribé a Israel. Desgraciadamente, incluso aquí sólo se me permitió involucrarme en investigaciones que fueron limitadas al nivel de una sola célula".

"Me di cuenta que debía buscar en otro lugar para aprender acerca de todos los sistemas de la realidad. Por consiguiente, me volqué a la filosofía, luego a la religión, pero tampoco encontré respuestas. Sólo después de largos años de búsqueda encontré a mi maestro, el gran cabalista, Rabí Baruj Shalom HaLeví Ashlag (el Rabash).

"Pasé los siguientes doce años al lado del Rabash, desde 1979 hasta 1991. Para mí fue "el último Mohicano", el último gran cabalista en la gran dinastía de cabalistas que perduraron por muchas generaciones. No me moví de su lado todo ese tiempo; escribí mis primeros tres libros en 1983 con su apoyo, y cuando falleció, comencé a desarrollar el conocimiento que había recibido de él, y a publicarlo. Considero este trabajo, lo mismo que en aquel entonces, como una extensión directa del camino del Rabash y la realización de su visión".

Estuctura del libro

Este libro está basado en ensayos y lecciones ofrecidas por el Rav Dr. Michael Laitman, las cuales han sido recopiladas por el equipo editorial del Instituto Ashlag de Investigación (ARI, de sus siglas en inglés). La primera parte, se enfoca en un nivel personal. Explica la raíz de la crisis y de los problemas que experimentamos en la vida, y describe cómo podemos resolverlos. La segunda parte, está dedicada al futuro del estado de Israel y de la humanidad en general.

Prefacio

Ya no es un secreto que la actual situación mundial es de profunda crisis e incertidumbre en todos los campos de la vida. Predominan el terrorismo, el uso de drogas, la desintegración familiar y un declive en la educación.

Por un lado, las personas de todo el mundo se están conectando más y más entre sí a raíz de la globalización; por el otro, los individuos no pueden estar ni siquiera conectados a sus propias familias o consigo mismos debido al egoísmo creciente.

Esta dicotomía ha conducido al estado lamentable en que nos encontramos actualmente, frente a lo que parece un callejón sin salida.

En nuestro mundo, donde estamos separados, tenemos nuestro propio lenguaje: el egoísmo. Es por ello que nos es difícil entendernos mutuamente. Esta situación es igual a la de la época de la *Torre de Babel*, cuando el orgullo y el deseo de satisfacción desmedido alcanzaron tal magnitud que la gente quiso construir una edificación que llegara al cielo, para demostrar su dominio incluso sobre la Naturaleza.

Las necesidades de los seres humanos que exceden a las indispensables para la vida, son consideradas como *egoísmo*. Éste constituye una fuerza adicional de deseo presente en el individuo, por encima de sus necesidades básicas, más allá de lo necesario para su existencia. Es importante darnos cuenta que este es el único deseo o fuerza dañina que existe en el mundo; es decir, en su uso incorrecto radican todos nuestros sufrimientos. Este excedente, la parte que sobrepasa lo fundamental para vivir, tiene que ser transformado en otorgamiento. De esta manera, obtendremos un balance con la Naturaleza.

El *Zohar* nos dice que sería en nuestros tiempos –la cúspide del egoísmo–, cuando el deseo de recibir placer llegara a su nivel máximo, que habría necesidad de revelar la sabiduría ancestral de la Cabalá, por ser el método de corrección que nos permitirá volver a existir como *un solo hombre con un solo corazón*, basándonos en el principio: "Ama a tu prójimo como a ti mismo".

La actual separación entre las almas se explica en las fuentes auténticas de la Cabalá como la raíz de los males del mundo. El egoísmo –que ha ido evolucionando en un proceso natural, desde un pequeño nivel primario, al comienzo de la existencia humana, hasta su máxima expresión de hoy en día- es como un afilado cuchillo que separa a las personas.

En realidad, la desintegración, el mutuo distanciamiento, la división en razas, nacionalidades, religiones, mentalidades, y en general, civilizaciones, que han ocurrido a través de la historia, han sido necesarios para percatarnos de la importancia de elevarnos por encima de esa separación, preservando esas diferencias, sin degradar o destruir nada. Hacemos esto, particularmente, respetando la unicidad de todos y fusionando las partes en un todo único con la Naturaleza, en mutuo otorgamiento, en conexión hacia una meta común.

Las células vivas pueden sobrevivir, desarrollarse, multiplicarse, y realizar su programa interno sólo mediante sus esfuerzos conjuntos, al unirse en un solo cuerpo. Si no ceden mutuamente, si no saben de las necesidades de las demás, y las complementan, serán incapaces de sobrevivir, por falta de apoyo recíproco. De hecho, la ley general de la Naturaleza parece actuar de manera opresiva hacia todo funcionamiento egoísta, el cual caracteriza únicamente al ser humano, que constantemente transgrede la ley de la existencia de cualquier objeto vivo: el altruismo.

Al percatarnos de la necesidad de cumplir esta ley universal dentro de cada uno también, los seres humanos nos esforzararemos por adaptarnos a ella y a sus propiedades, convirtiéndola en nuestra regla de vida. A través de esta decisión descubriremos el propósito de nuestra existencia, el de elevarnos al nivel más alto posible de la realidad, por encima del plano terrenal, logrando así experimentar paz, tranquilidad y seguridad.

Este libro tiene como finalidad crear conciencia acerca del camino para salir de la crisis y alcanzar un cambio trascendental positivo a todo nivel. Esto es especialmente relevante para Israel, que está destinado a servir de guía al mundo a través de una transformación espiritual, cumpliendo su rol de ser *Luz a las naciones* y revelar la Meta de la Creación a toda la humanidad.

PARTE I

Crisis Global

Prólogo

La primera parte de este libro se enfocará en el estado de la humanidad en el siglo XXI, describiendo cuál es el cambio requerido de nuestra conciencia, y por qué éste es necesario. Pero antes, revisemos algunos aspectos sobre la situación actual en el mundo, enfocándonos en particular en Israel. Examinar estos hechos es importante para ayudarnos a comprender la solución propuesta a nuestros problemas.

En los últimos 100 años, aproximadamente, hemos experimentado un salto gigante en el progreso científico y tecnológico; y a pesar de eso nos encontramos indefensos y perplejos ante la escalada de fenómenos que están ocurriendo en múltiples áreas. Muchos están insatisfechos con sus vidas, y hay una creciente sensación de inseguridad, falta de sentido, frustración, y amargura.

Estas sensaciones nos conducen frecuentemente al uso de sedantes, drogas y otras adicciones, todas sirviendo como sustitutivos y maneras alternativas de satisfacción.

Las plagas del siglo XXI son la ansiedad y la depresión. La Organización Mundial de la Salud (OMS) ha determinado que una de cada cuatro personas sufrirá de algún problema mental durante su vida.[1] En los últimos cincuenta años, ha habido un incremento significativo en el número de personas que sufren de depresión. El más reciente descubrimiento es que la depresión está apareciendo en edades cada vez más tempranas. Se anticipa que para el año 2020, las dolencias mentales, y sobre todo la depresión, serán la segunda causa más común de los problemas de salud.

La depresión es una de las principales causas de suicidio. Cada año, más de un millón de personas se quitarán la vida, y entre 10 y 20 millones de personas tratarán de hacerlo.[2] El intento de suicidarse en general, y particularmente entre niños y jóvenes, está en una curva clara de ascenso.

El Ministerio de Salud de Israel declaró que, de manera similar a otros países occidentales desarrollados, en Israel los suicidios constituyen la segunda causa más común de muerte entre niños y adolescentes.[3] Muchos entre quienes trabajan en el campo de la salud, creen que el fenómeno de los suicidios refleja el estado malsano general de la sociedad.

En las últimas décadas, el consumo de drogas ha pasado de ser un fenómeno marginal a convertirse en un tema central alrededor del mundo y, hoy en día, cada nivel de la sociedad está afectado por ello. En la actualidad, el abuso de drogas entre la juventud es un fenómeno conocido, y los niños son introducidos al mundo de las drogas tan temprano en la vida como en la escuela primaria. Un examen conducido por la Autoridad Anti-Droga de Israel en el 2005 reveló que en comparación con datos pasados, hay una cantidad alarmante de abuso de drogas entre los jóvenes.

En los Estados Unidos, el número de personas que confiesan el uso de drogas, al menos una vez en su vida, es aproximadamente el 42% de la población total.[4] En Europa, el consumo de cocaína ha alcanzado un inquietante récord elevado de 3.5 millones de usuarios, entre los cuales se encuentra un creciente número de personas altamente educadas educación de la parte occidental del continente.[5]

Incluso la institución de la familia está en la declive: divorcios, alienación, y violencia doméstica están apareciendo con mucha más frecuencia. En Israel, una de cada tres parejas se divorcia; en Suecia y en Rusia, el divorcio ocurre en el 65% de las parejas.[6] La policía Israelí reportó que en el 2004, un total de 9,400 nuevos casos fueron abiertos contra padres que cometieron algún tipo de abuso contra sus hijos, en comparación a 1,000 casos en 1998. Aún más, en el 2004, 200,000 mujeres fueron catalogadas como víctimas de la violencia doméstica infligida por sus parejas.[7]

El reporte de pobreza publicado por la Seguridad Social de Israel en el 2006 reveló que la expansión de la pobreza y de las brechas socioeconómicas, es constante. Hoy en día, uno de cada tres niños se cría en una familia pobre, y una de cada cinco familias en Israel vive debajo de la línea de la pobreza.

La generación más joven sufre de falta de valores e ideología, y el sistema educativo está desamparado y en declive. La violencia y delincuencia juvenil van en aumento, y el 90% de los estudiantes reportan ser testigos de frecuente hostigamiento y violencia dentro de los recintos escolares. Un porcentaje similar de los maestros admite no tener los medios para enfrentar la violencia e insubordinación dentro del sistema educativo.

De hecho, la intensificación de estos fenómenos no es tan inquietante desde nuestra óptica puesto que hemos crecido acostumbrados a ello. En el pasado, fueron considerados aberrantes, pero hoy en día se han convertido en la norma. Debido a que carecemos de las herramientas para hacer frente a estos aprietos, aceptamos su existencia para reducir el sufrimiento que nos causan. Este es un mecanismo de defensa natural que se ha desarrollado dentro de nosotros, pero eso no significa que las cosas no puedan ser diferentes y, en efecto, mejores de lo que son ahora.

Evolución de la conciencia planetaria

La creciente crisis global requiere una solución. Muchos renombrados científicos y filósofos alrededor del mundo la estudian e investigan, pero en la actualidad no podemos decir que entendemos su causa y, menos aún, las acciones que deberíamos emprender para resolverla.

Hoy ya no podemos negar su existencia. Abundan teorías y sugerencias concernientes ya sea a la naturaleza de la crisis como a los medios para su eliminación. En esta parte del libro, trataré de describir el estado actual de la humanidad desde la perspectiva de la ciencia con la que he estado comprometido durante los últimos treinta años de mi vida, la ciencia de la Cabalá.

En la antigüedad, el hombre era más cercano a la Naturaleza y trataba de mantenerse ligado a ésta. Había dos motivos para ello:

- El egoísmo no desarrollado aún no había distanciado al hombre de la Naturaleza, permitiéndole así sentirse como parte integral de ésta;

- El insuficiente conocimiento de la Naturaleza provocaba temor hacia ella, obligando al hombre a considerarla como superior.

Por estas dos razones, el hombre aspiró no sólo a acumular el conocimiento sobre los fenómenos del mundo circundante, sino a conocer las fuerzas que lo gobiernan. La gente no podía esconderse de los elementos como lo hace hoy, evitando las fuerzas de la Naturaleza en un mundo creado artificialmente. Sus órganos sensoriales, aún no deformados o degenerados por la tecnología contemporánea, eran capaces de sentir el mundo circundante con mayor profundidad. El miedo a la naturaleza y, simultáneamente, la proximidad a ella, impulsó al hombre a descubrir lo que ésta quería de él, si tenía alguna meta, y para qué creó los humanos. La humanidad aspiró a entenderlo tan profundamente como le era posible.

Los antiguos científicos compartieron su conocimiento acerca de la Naturaleza. Los cabalistas, a su vez, hicieron lo mismo con los científicos. La Cabalá estudia el sistema que gobierna nuestro mundo. Su principal tarea es explicar las causas y metas de la Creación.

Obviamente, no me refiero a lo que actualmente es vendido bajo el título "Cabalá", capitalizando su popularidad. La Cabalá auténtica es una ciencia seria que investiga la estructura del universo, y que dio el conocimiento básico a muchas otras ciencias. El contacto entre los cabalistas y los filósofos antiguos dio lugar a la filosofía antigua, convirtiéndose en el origen de la ciencia.

Johann Reuchlin escribe en su libro *De Arte Cabbalistica*: "Mi maestro Pitágoras, el padre de la filosofía, tomó su enseñanza de cabalistas..., él fue el primero que tradujo la palabra *Cabalá*, desconocida por sus contemporáneos, a la palabra griega *filosofía*... La Cabalá no nos deja vivir nuestras vidas sin sentido, sino que eleva nuestra mente a la altura del conocimiento".

Durante muchos siglos, la Cabalá había permanecido como una enseñanza oculta, una sabiduría secreta, dando lugar a numerosas leyendas y falacias alrededor de ella, las cuales desconciertan aún hoy en día, a cualquier persona que trata de identificar las fuentes verdaderas.

En particular, el gran matemático y filósofo, Leibnitz, escribió sobre esto en su libro *Hauptschriften zur Grundlegung der Philosophie*: "Debido a que el hombre no tenía la llave del secreto, la sed por la sabiduría finalmente se redujo a toda clase de trivialidades y supersticiones que trajeron consigo una especie de "Cabalá vulgar" que tiene poco en común con la verdadera Cabalá, así como varias fantasías bajo el nombre falso de magia, y esto es lo que llena los libros".

La filosofía asimiló una parte de la Cabalá y la orientó hacia una dirección diferente. Dio lugar a las ciencias modernas que investigan nuestro mundo material y sus leyes dentro del marco de los fenómenos percibidos por nuestros cinco sentidos.

Mientras tanto, las antiguas enseñanzas, la Cabalá incluída, permanecieron fuera del ámbito de interés de los investigadores. Todo lo que la ciencia fuera incapaz de comprender, lo que para ella siguiera siendo inaccesible, cayó dentro del reino de las religiones, rituales, y costumbres. ¡Las enseñanzas antiguas fueron gradualmente olvidadas!

La ciencia y la religión son dos caminos paralelos con los que la humanidad siguió investigando este mundo, tratando de entender el lugar del hombre y sus posibilidades, y de definir el objetivo y significado de la existencia. Sin embargo, ambos senderos hicieron que la humanidad se apartara del rumbo de alcanzar la Fuerza Gobernante Superior, de vincularse con ella. El hombre estudió la naturaleza no a fin de aprender lo que ésta quiere de él, y así cambiar, sino para modificar y conquistar la Naturaleza por el propio egoísmo del hombre.

Las crisis en todos los reinos de la actividad humana, desde la ciencia hasta los problemas personales, inducen a las mismas eternas preguntas sobre el sentido y el objetivo de la vida. Nos estamos dando cuenta cada vez más que no sabemos nada sobre la Naturaleza, el proceso gobernante, y el propósito de la existencia.

Los problemas nos conducen a aceptar la existencia de la Gran Sabiduría, del Plan Superior en la Naturaleza. Debido a que la ciencia es incapaz de contestar nuestras preguntas, esto nos obliga a tratar de encontrar la verdad en la religión, las creencias, y el misticismo. La crisis externa nos ha conducido a una crisis interna, y nos encontramos confundidos en este mundo.

El abrumador interés por estas enseñanzas, en explicar nuestras vidas no a través de la investigación científica sino utilizando toda clase de métodos "celestiales", ha florecido durante los últimos 30 años, y se va marchitando ahora ante nuestros propios ojos. De todas las ideas erróneas de los seres humanos, la humanidad todavía tiene que probar, rechazar, y finalmente, olvidar unos cuantos sistemas de creencia restantes.

Actualmente, vivimos en una época en la que, a través del misticismo, la humanidad está redescubriendo las verdaderas sabidurías antiguas. La ciencia de la Cabalá, la cual se ha revelado en años recientes, debe desempeñar un papel fundamental en este proceso.

La Cabalá apareció hace aproximadamente 5,000 años en Mesopotamia, la cuna de la civilización, como lo hicieron todas las antiguas enseñanzas. Fue en aquel entonces que la humanidad las descubrió, y las olvidó hasta nuestro tiempo. Ahora están siendo nuevamente redescubiertas. No es coincidencia que donde una vez estuvo la antigua Mesopotamia, ahora es el centro del choque moderno de las civilizaciones.

La evolución del egoísmo del hombre determina, define y, de hecho, diseña la historia completa de la humanidad. El egoísmo en desarrollo impulsa a los seres humanos a estudiar el medio ambiente para poder materializar los crecientes deseos egoístas. En contraste con lo inanimado, vegetativo y animado de nuestro mundo, los humanos evolucionan sin cesar en cada generación, y ocurre en cada individuo durante su breve existencia.

El egoísmo humano evoluciona en cinco niveles de intensidad. En la antigüedad, el hombre no era lo suficientemente egoísta para oponerse a la Naturaleza. La percibía a ésta y a todo lo que le rodeaba, y la sensación de reciprocidad era su forma de comunicación con ella. En muchos aspectos era hasta silencioso, como en la telepatía, en un cierto nivel espiritual. Este modo de comunicación todavía puede ser encontrado entre pueblos indígenas.

El primer nivel de crecimiento egoísta provocó una revolución en la humanidad. Esto creó un deseo de cambiar la Naturaleza por el propio bien del hombre, en vez de cambiar al hombre para hacerse similar a ella. Metafóricamente, este es descrito como un deseo de construir una torre que alcanza el cielo para dominar la Naturaleza.

El aumentado egoísmo arrancó al hombre de la Naturaleza. En vez de corregir la incrementada oposición a ella, el hombre se atrevió a imaginar que podría alcanzar al Creador egoístamente, no a través de la corrección del ego, sino que dominando todo.

Así, el hombre colocó su "yo" en contraste con el ambiente, opuesto a la sociedad y a las leyes de la existencia, en vez de percibir a los demás como similares y cercanos, y a la naturaleza como el hogar. El odio reemplazó al amor; las personas se alejaron entre sí, y la única nación del mundo antiguo fue dividida en dos grupos, los cuales se bifurcaron en este y oeste. Como consecuencia, cada grupo se dividió en muchas naciones, y hoy, de nuevo estamos siendo testigos del comienzo de un acercamiento y de una reconexión hacia una sola nación.

La Torá describe esto alegóricamente (Génesis, 11:1-8) de la siguiente manera: "Y toda la tierra tenía una sola lengua y un solo discurso. Y aconteció, cuando viajaron al este, que encontraron una llanura en la tierra de Shinar; y allí se establecieron..., y dijeron: 'Vamos, edifiquemos una ciudad, y una torre, con su cúspide en el cielo, y hagámonos un nombre famoso; por miedo de que seamos dispersados en el extranjero sobre la faz de toda la tierra'. Y el Señor descendió para ver la ciudad y la torre que los hijos de los hombres construyeron. Y el Señor dijo: 'contempla, son un solo pueblo, y todos tienen una misma lengua; y esto es lo que comienzan a hacer; y ahora nada les será imposible, lo que se propongan hacer. Vamos, descendamos y confundamos su lengua, para que no puedan comprender el lenguaje del otro'. Entonces el Señor los dispersó desde allí en el extranjero, sobre la faz de toda la tierra; y dejaron de construir la ciudad".

Flavio Josefo escribe que Nimrod instó a la gente a desafiar al Creador. Les aconsejó que construyeran una torre más alta de lo que las aguas pudiesen elevarse, por si el Creador enviase de nuevo una inundación, y así se vengarían del Creador por la muerte de sus antepasados. Sin esactimar esfuerzo alguno o entusiasmo, comenzaron a construir una torre. Al ver que la gente no se corrigió después de la lección de la inundación, el Creador causó que hablaran muchas lenguas. Por lo tanto, no se entendieron el uno al otro y se dispersaron. El lugar donde la torre fue construída fue llamada Babilonia,[8] por haber sido el lugar donde las lenguas se mezclaron, en vez del único idioma que antes existió.

A principios del siglo 20, un arqueólogo alemán, Robert Koldewey, descubrió en Babilonia las ruinas de la torre de una dimensión equivalente a 90 x 90 x 90 metros. A su vez, Herodoto (aproximadamente 484-425 AEC) describió la torre como una pirámide de ese mismo tamaño con 7 niveles.

Las fuentes históricas dicen que en el centro de Babilonia se encontraba el templo de la ciudad Esagila, y cerca, el templo de la deidad suprema, Marduk, la Torre de Babel. Fue llamado Etemenanki, lo que significa la piedra angular del cielo y la tierra.

En aquel tiempo, Esagila era el centro religioso del mundo en la lucha contra la religión monoteísta. La astrología, los signos del Zodíaco y los horóscopos, la adivinación, el misticismo numerológico, el espiritualismo, la magia, la brujería, los hechizos, el mal de ojo, la invocación de malos espíritus, todos ellos fueron desarrollados en Esagila. Estas creencias todavía persisten, y en particular hoy somos testigos de su explosión definitiva.

Desde entonces, y durante los últimos 5,000 años, el hombre ha estado confrontando a la Naturaleza, el atributo del altruismo absoluto. En vez de corregir el siempre creciente egoísmo en altruismo, la humanidad ha erigido un escudo artificial para protegerse de ella. Para ayudar a salvaguardarse, la humanidad ha estado desarrollando la ciencia y la tecnología durante los últimos 5,000 años, y esta es, de hecho, la erección de la Torre de Babel. Así, en vez de corregirnos a nosotros mismos, queremos gobernar la naturaleza.

El egoísmo en la especie humana ha aumentado desde entonces, y hoy en día es la culminación. La humanidad se ha desilusionado de llenar el egoísmo a través del desarrollo social o tecnológico. Hoy, comenzamos a darnos cuenta que desde el tiempo de la crisis en Babel, hemos forjado nuestro camino en vano.

Particularmente hoy, cuando reconocemos la crisis y el callejón sin salida de nuestro desarrollo, se puede decir que la confrontación del egoísmo con el Creador es, en realidad, la destrucción actual de la Torre de Babel. Antes, fue destruida por la Fuerza Superior, pero hoy está siendo demolida en nuestra propia conciencia, como si fuera por nosotros. La humanidad está dispuesta a confesar que el camino que eligió -compensar la oposición egoísta de la Naturaleza por la tecnología, en vez de corregir el egoísmo en altruismo-, nos conduce a un punto sin salida.

El proceso que comenzó en Babel, de separación en dos grupos, los cuales fueron divididos geográfica y culturalmente, culmina hoy. Durante los últimos 5,000 años, cada grupo evolucionó en una civilización de muchos pueblos distintos. Un grupo es lo que llamamos la Civilización Occidental, y el otro, comprende la Civilización del Este, e incluye India, China, y el mundo islámico.

No es una coincidencia que hoy presenciemos un titánico choque de civilizaciones que amenaza el sostenimiento de la humanidad. Este es uno de los factores claves en la crisis global. Además, este choque refleja la culminación del proceso que comenzó con la caída de la Torre de Babel. En Babel, la única nación fue dividida porque el egoísmo separó a sus miembros, y actualmente, es el tiempo para que los miembros de la única nación de la especie humana se reúnan en un solo pueblo unificado. Hoy, estamos en el punto de separación que ocurrió en la época de Babel, excepto que en la actualidad estamos conscientes de nuestra situación.

De acuerdo a la sabiduría de la Cabalá, este choque, la crisis global, y el surgimiento del misticismo y de la superstición, son el principio de la reconexión de toda la humanidad en una nueva y unida civilización, similar a su estado antes de la torre de Babel.

En la época de la confusión babilónica, la Cabalá fue descubierta como una fuente de conocimiento de la causa del crecimiento paulatino del egoísmo humano. La Cabalá establece que la naturaleza de todo lo que existe es un deseo egoísta de satisfacción personal.

Sin embargo, los deseos egoístas no pueden ser saciados en su forma natural, porque la satisfacción de un deseo lo anula, y como resultado, ya no es sentido. Del mismo modo, el alimento reduce la sensación de hambre y, a su vez, el placer de la comida desaparece gradualmente.

Pero debido a que somos incapaces de existir sin disfrutar, somos obligados a desarrollar nuevos deseos constantemente, de modo que podamos satisfacerlos. De lo contrario, no podremos sentir placer. Esta búsqueda interminable de placer constituye toda nuestra vida, aunque el placer mismo sea imposible de alcanzar. Por último, el desencanto y el vacío resultantes causan la depresión y lleva a las drogas.

¿Si la satisfacción anula tanto el deseo como la satisfacción misma, es del todo posible entonces experimentar una satisfacción duradera?

Las antiguas sabidurías metafóricamente cuentan que el hombre fue creado como una sola criatura. Es decir, originalmente, toda la gente está conectada como un solo ser humano. Esta es exactamente la manera en que la naturaleza se relacionada con nosotros, como un solo ser humano.

Este prototipo colectivo es llamado "Adán", de la palabra *Domé* (similar). En arameo, el lenguaje hablado de la antigua Babilonia, significa "similar al Creador". Originalmente, fuimos creados internamente conectados como un solo individuo. Pero cuando nuestro egoísmo creció, de manera gradual perdimos la sensación de unidad, y nos distanciamos cada vez más uno del otro. Finalmente, hemos llegado a un punto de odio recíproco.

De acuerdo a la sabiduría de la Cabalá, el plan de la Naturaleza es que nuestro egoísmo crezca hasta que reconozcamos nuestra condición. En la actualidad, la globalización nos muestra que, por una parte estamos todos relacionados, y por otra, nuestro enormemente inflado egoísmo nos distancia uno del otro.

La razón por la cual fuimos primero creados como una sola criatura y luego separados en individuos egoístas, distanciados y alejados, es que este es el único camino para que logremos ver nuestra absoluta oposición al Creador y reconocer así el atributo del egoísmo absoluto que poseemos.

En este estado, reconoceremos su mezquindad, para que lleguemos a rechazar nuestra forma de ser egoísta -la cual nos separa el uno del otro y de la Fuerza Superior- y desarrollemos así, el deseo de unidad, transformar nuestra naturaleza en la opuesta naturaleza altruista. Como consecuencia, encontraremos, de forma independiente, una manera de transformarnos en altruistas y conectarnos de nuevo con la humanidad entera, como uno todo único, unido.

Así como las células egoístas que se unen en un solo cuerpo, anulan su egoísmo individual en beneficio de la existencia del cuerpo y, por consiguiente, sienten la vida del cuerpo entero, de la misma manera, debemos alcanzar tal unión entre nosotros. Entonces, según el éxito en nuestra unificación, sentiremos la existencia eterna de la Naturaleza en vez de sentir nuestra existencia física actual.

El principio antiguo "Ama a tu prójimo como a ti mismo" nos pide hacer eso. Este principio existió, en realidad, hasta la edificación de la Torre de Babel, y fue incorporado más tarde a los rudimentos de todas las religiones que surgieron de la antigua sabiduría babilónica, después de la destrucción de la Torre de Babel y de la división del pueblo en naciones y estados.

Al cumplir esta regla, cada uno deja de ser un egoísta aislado y vacío, sintiendo la vida de todo el organismo -Adán- en semejanza con el Creador. En otras palabras, en ese estado sentimos la existencia eterna y perfecta de la Naturaleza.

Especialmente ahora, el altruismo se ha hecho necesario para la supervivencia de la humanidad. Esto se debe a que hoy en día está claro que somos todos completamente interdependientes. Esta convicción da lugar a una nueva definición del altruismo: Cualquier intención o acción que proviene de una verdadera necesidad de unir a la humanidad en un todo único y *no* de un simple deseo de ayudar, es considerada realmente altruista. Según la sabiduría de la Cabalá, todas las acciones altruistas que no apuntan hacia la unión de toda la humanidad en un solo cuerpo se manifestarán como acciones sin sentido. Además, en el futuro, se hará evidente que nosotros no tenemos que realizar ninguna acción o efectuar cualquier corrección en la sociedad humana, sólo unirnos como un cuerpo.

La transformación de la actitud de uno hacia nuestro semejante, de egoísta a altruista, nos eleva hacia la percepción de otro mundo. Nosotros, los seres humanos, percibimos el mundo con nuestros órganos sensoriales, y aceptamos lo que se presenta ante nuestros sentidos como nuestra sensación natural de la vida. La actual percepción egoísta nos permite sentir *sólo nuestras propias* impresiones del ambiente. La corrección de nuestra naturaleza nos permitirá sentir no únicamente lo que pasa por dentro, sino lo que sucede *fuera de nosotros*, la Naturaleza completa.

Así, al percibir lo que está de manera externa a nosotros en vez de sólo nuestro interior, adquirimos la percepción de *todo* el mundo circundante, en vez de *un fragmento* de éste. Al fin de cuentas, descubrimos que el mundo a nuestro alrededor es una sola fuerza altruista de la Naturaleza.

Cuando nos unimos a ella, sentimos nuestra existencia de la manera en que ésta existe, eterna y perfecta. Nos identificamos con esa sensación, nos gobierna, y en ese estado, aún cuando nuestro cuerpo muere, sentimos como si siguiéramos existiendo en la naturaleza eterna. En tal estado, la vida y la muerte físicas no afectan nuestra sensación de la existencia, porque la percepción egoísta interna ha sido sustituida por la percepción altruista externa.

El Libro del Zohar, escrito hace aproximadamente 2,000 años, relata que al final del siglo 20, la humanidad alcanzaría su máximo egoísmo y, al mismo tiempo, su máximo vacío. Dice que en esa época la humanidad necesitaría el método de supervivencia, de satisfacción. Entonces, cuenta *El Libro de Zohar*, habrá llegado el tiempo de revelar la Cabalá a toda la humanidad, como un método para alcanzar la semejanza con la Naturaleza.

La corrección de un ser humano y de toda la humanidad, y alcanzar la semejanza con la naturaleza altruista no sucede de repente, ni de manera simultánea para todos. Mejor dicho, la corrección es posible al grado en que cada persona y toda la humanidad reconocen la crisis global.

La corrección comienza cuando una persona se da cuenta que su naturaleza egoísta es la fuente de todo mal. Por consiguiente, uno busca los medios para cambiar este atributo. La búsqueda lleva a la conclusión que sólo la influencia de la sociedad puede ayudar en esta misión. Eso significa que la única manera de lograr la corrección del hombre es a través del cambio de valores en la sociedad, elevando el valor del altruismo por encima de otros. Por altruismo me refiero no a la ayuda mutua, sino a la unificación de toda la humanidad en semejanza al Creador, como el único valor en el mundo.

La sociedad tiene que elevar la conciencia humana hasta el nivel de comprensión de nuestra responsabilidad colectiva. Esto es porque el Creador se relaciona con nosotros como hacia un solo ser humano unido, Adán. El hombre ha tratado de alcanzar sus objetivos de forma egoísta, pero hoy, la humanidad está descubriendo que los problemas deben ser solucionados colectivamente, de manera altruista. Una exposición gradual del egoísmo nos obligará a implementar el antiguo método de la Cabalá, el cual no logramos poner en práctica en la antigua Babilonia.

La fuente de todo el sufrimiento que aparece en el mundo se debe a la oposición del hombre a la Naturaleza. Todas las otras partes de ella, inanimado, vegetativo y animado, siguen definitivamente sus mandamientos por instinto. Sólo el comportamiento del hombre lo sitúa en contraste con esos tres aspectos.

Debido a que el hombre es la cima de la Creación, todas las demás partes de ésta (inanimado, vegetativo, y animado) dependen de él. A través de la corrección del hombre, todas las partes de la Naturaleza, todo el universo, se elevará a su estado inicial, al nivel perfecto, a la completa unidad con el Creador.

Según el plan del Creador, todo el universo debe alcanzar dicho estado, y el tiempo asignado para la corrección es limitado. *El Libro del Zohar* indica que la corrección debe ser puesta en práctica desde el principio del siglo veintiuno. A partir de esta época, la humanidad será impulsada a la corrección al intensificarse sus sufrimientos.

El reconocimiento del propósito de la Creación y el conocimiento del método de corrección nos permitirá acercarnos a la meta conscientemente, de manera más rápida, de modo que el sufrimiento no nos tome desprevenidos. Así, en vez del sufrimiento, sentiremos la satisfacción y la inspiración aún cuando todavía estemos en el camino de la corrección.

Todo depende de nuestros esfuerzos por comprender la causa de la crisis y el modo de resolverla. Debemos darnos cuenta que esta situación difícil es necesaria para nosotros, a fin de conseguir el estado más hermoso, eterno y perfecto del ser.

La explicación de este objetivo no es una tarea simple, pero la escalada de la crisis nos permite a todos nosotros percibir el proceso como algo necesario y con un propósito. Lo que hace que la época en que vivimos sea especial es que junto al desconcierto que se intensifica, una ventana de oportunidad de cambio se está abriendo ahora. Somos capaces y, de hecho, estamos obligados a ver la crisis como el estado óptimo para el logro y la creación de una nueva civilización corregida.

Estado mundial y solución

A nadie escapa que la humanidad atravieza por una crisis generalizada cada vez mayor. Depresión, drogas, desintegración de la familia, terrorismo, sistemas sociales insostenibles, la amenaza del uso de armas nucleares, y catástrofes ecológicas, son todas señales de ella. El nuevo libro del profesor Ervin Laszlo, *The Chaos Point* (El Punto de Caos), presenta una descripción muy clara e informativa sobre la crisis global.

El riesgo creciente de la utilización de armas nucleares hace que la amenaza a la existencia de toda la humanidad sea un peligro inminente. Muchos científicos creen que la humanidad no tiene mucho tiempo para prevenir la escalada hacia una guerra mundial termonuclear o de una catástrofe ecológica global.

Aunque los signos de la crisis son evidentes, por regla, su existencia y empeoramiento son ocultados por gobiernos, organizaciones sociales, científicos, sociólogos y psicólogos. La razón de hacer esto de manera deliberada radica en el hecho que aquellos que la esconden no ven los medios para corregir la situación actual. Así, la política de ostracismo simplemente agrava el problema y acelera la aproximación de la catástrofe.

Un proverbio del gremio médico dice que un diagnóstico certero es la mitad de la cura. La ocultación de nuestra enfermedad y el subestimar su gravedad constituye una amenaza directa a la vida.

Pese a que el principal problema de la civilización es superar la crisis general, para resolverla se requiere primero solucionar el grave problema de explicar la situación al público. Si éste comprende la razón de la crisis y la acepta, esto en sí facilita su solución. Hoy en día, muchas personas todavía buscan una salida en el progreso científico, tecnológico, cultural y social, olvidando que el confiar en ellos con el propósito de progresar es lo que nos ha traído, en primer lugar, al desafortunado estado actual.

Para prevenir una escalada mayor de la crisis se requiere:

1. reconocer su existencia;

2. revelar sus causas;

3. percatarse de la existencia de una alternativa y de las posibilidades de resolver la problemática;

4. diseñar un plan para resolverla;

5. ejecutar el plan.

Lamentablemente, no sólo la humanidad y la sociedad se encuentran en un estado crítico. Junto a nosotros, toda la Naturaleza se está acercando a una catástrofe. Por lo tanto, para comprender el origen de la crisis debemos analizar los rudimentos de la Naturaleza misma.

EL ALTRUISMO ES EL PRINCIPIO DE VIDA

El altruismo se define como el velar por el bienestar del prójimo. La investigación sobre el altruismo revela que no sólo existe en la Naturaleza, sino que es la base fundamental de la existencia de cada ser vivo.

Un objeto viviente es el que recibe de su ambiente y le otorga. Todo organismo vivo comprende una combinación de células u órganos que trabajan juntos y se complementan entre sí en perfecta armonía. En este proceso, están obligados a conceder, influenciar y ayudarse mutuamente. La ley de integración de la célula y el órgano de acuerdo al principio altruista de "uno para todos" opera en cada organismo viviente.

En cambio, la esencia de toda materia constituye diferentes medidas del deseo a ser satisfecho con poder, vitalidad y disfrute. La intensidad de este deseo crea varios niveles de la Naturaleza: inanimado, vegetativo, animado, y humano. La intensidad del deseo determina además cada proceso dentro de estos niveles, constituye y forma cada fenómeno en este mundo que existe ante nosotros. Cada nivel superior es una manifestación de un deseo mayor y contiene todos los niveles previos.

A través del logro de la unidad de la Naturaleza bajo el principio de "uno para todos", comenzamos a percibir la peculiaridad del fenómeno humano y su lugar en el mundo. La particularidad de los humanos, comparada con el resto de la Creación, radica no sólo en el poder y en la naturaleza de los deseos humanos, sino en el hecho que los deseos humanos cambian y evolucionan continuamente. Así, éstos son la fuerza motivadora que impulsa y hace evolucionar a la civilización.

Con excepción de los humanos, toda la Naturaleza consume sólo lo que necesita para su sustento. Los seres humanos ansían más alimento, más sexo y más comodidad física que la que necesitan para su sustento. Este estado es especialmente cierto respecto a los deseos que son únicamente humanos, en la búsqueda (sin fin) de riqueza, poder, honor, fama, y conocimiento.

Los deseos de cosas que son **necesarias** para la existencia no son considerados egoístas, sino *naturales*, ya que llegan como órdenes de la Naturaleza. Estos deseos están presentes en lo inanimado, vegetativo, y animado, así como en los humanos. Sólo aquellos deseos que **exceden** lo que es necesario para la existencia son considerados *egoístas*.

Los únicos deseos que pueden ser catalogados como *altruistas* son los deseos humanos, aunque el propósito con el que los usamos es lo que determina, de hecho, si son realmente *altruistas* o *egoístas*.

Además del hecho que los deseos humanos crecen exponencialmente, éstos incorporan placer al degradar a otros, o al ver el sufrimiento de los demás. Estos deseos no nos son dados por naturaleza, sino que son inculcados en nosotros a través de la educación y el ambiente social.

Nuestro continuo desarrollo de esos deseos indica que no hemos completado nuestra evolución; es decir, que aún no hemos logrado usarlos de manera altruista. Por lo tanto, en el presente, eso está generando una extensa crisis junto al progreso.

Tal como se ha mencionado antes, todas las fuerzas de la Naturaleza, aparte del ego humano, están en balance, formando un solo sistema, y únicamente el hombre perturba la armonía de ellas. Todo en la Naturaleza está conectado y aspira alcanzar el equilibrio dentro de sí y con su entorno. La violación del balance conduce a una desintegración del organismo, enfermedad, e inevitablemente su muerte. La posibilidad de mantener y restaurar el equilibrio es una condición necesaria para la existencia de la vida.

SURGIMIENTO DE UN CONFLICTO

De toda la Naturaleza, sólo los seres humanos se relacionan con otros con intenciones maliciosas. Ninguna otra criatura hace daño, degrada, explota a otra criatura, le produce placer el oprimir a los demás o disfruta de su aflicción. El uso egoísta de los deseos humanos con la intención de auto-elevarse a expensas de otros, conduce a un precario desequilibrio con el mundo circundante. El egoísmo humano es la única fuerza destructora que existe; por lo tanto, el mundo no podrá persistir a menos que cambiemos nuestro enfoque egoísta hacia la sociedad.

El egoísmo de una parte conduce a la muerte del todo. Si una célula en un organismo vivo comienza a relacionarse de manera egoísta con otras células, se hace cancerosa. Tal célula comienza a consumir células alrededor, haciendo caso omiso de ellas y de las necesidades de todo el organismo, y así, eventualmente se extingue todo el cuerpo, incluyendo ella misma. Igual ocurre con el egoísmo humano respecto a la Naturaleza: al desarrollarse para sí mismo, separado del resto de ella y no como una parte integral, el egoísmo lleva todo hacia la muerte, incluyendo a sí mismo.

Las células pueden existir, desarrollarse y multiplicarse únicamente al interactuar como un todo. La ley de interacción altruista funciona en cada ser a excepción de los humanos. A las personas se les ha dado el libre albedrío para percibir completamente la necesidad del altruismo y mantener voluntariamente esta exhaustiva ley de la Naturaleza.

La globalización y la evolución de la sociedad humana nos obligan a ver al mundo como un todo comprendido por opuestos. La investigación del mundo circundante revela la interconexión entre todas sus partes, su desarrollo de causa-efecto, y el propósito de sus acciones.

La perfección del mundo radica en la unidad de sus elementos; se logra sólo mediante la coexistencia de todas las partes de la Naturaleza, mientras que cada parte trabaja para sostener todo el sistema.

Tal como se mencionó previamente, salvo en el caso de los humanos, toda la Naturaleza cumple estrictamente su predestinación. Por lo tanto, es evidente que el llegar a ser una parte integral de ella y actuar como un solo organismo, es el principal problema de la humanidad. Es decir, la tarea primordial es equilibrar los deseos excesivos de cada persona, convirtiéndose en altruista.

EL PLACER DURADERO SÓLO PUEDE RADICAR EN LOS DESEOS ALTRUISTAS

El placer es sentido sólo en el punto de contacto entre un deseo y su cumplimiento. El minuto en el que el placer satisface el deseo, éste último desaparece, porque recibió lo que quería. Por consiguiente, el placer se desvanece junto al deseo.

Así, mientras mayor es el deseo, uno está más vacío al intentar satisfacerlo. Este vacío e incapacidad de saciar nuestros deseos nos obliga constantemente a buscar nuevas formas de satisfacción y a agotar nuestras vidas en este estado, hasta que nos extenuamos por completo.

La solución a este "enredo" yace en la *satisfacción altruista*. En la satisfacción altruista, el lugar que es llenado es diferente al del deseo, porque en el altruismo uno obtiene placer de complacer a otros. El placer radica en el del otro, y por ende, no neutraliza mi propio deseo; en ese sentido, mientras más satisfago a otros más lo disfruto. Este modus operandi es el principio de recibir el placer eterno que todos tanto deseamos.

UN CAMINO CORTO Y UN CAMINO LARGO PARA LA CORRECCIÓN DE LA CRISIS

Uno puede avanzar hacia la comprensión de que el egoísmo es la ruta del mal, ya sea a través del camino del sufrimiento o mediante una trayectoria más corta de corrección. Además, el camino del sufrimiento no es un camino, sino simplemente la extensión de tiempo requerido para la comprensión de todas las horribles consecuencias de la testarudez y el egoísmo.

De todas formas, tan pronto se haya acumulado la medida de sufrimiento suficiente, la persona se da cuenta que es mayor el beneficio de la corrección que el del sufrimiento y se esfuerza por cambiar. Así, en vez de transitar el camino largo, hay uno corto y fácil para la corrección.

En otras palabras, podemos lograr conocimiento acerca de la estructura del mundo, su causalidad y propósito, *antes* de enfrentarnos con la aflicción. A través de éste, aceleramos la comprensión de que el egoísmo es malo, evitando así la necesidad de darnos cuenta del mal que existe en el egoísmo bajo la presión de las aflicciones.

Pese a que esto pareciera como si fuéramos libres de hacer a nuestro antojo, en verdad, nosotros seguimos las órdenes de nuestros genes y nos adherimos a la influencia del ambiente social. Esas influencias y órdenes determinan todos nuestros valores, mostrándonos cuán provechoso es ser poderoso y próspero. Nosotros trabajamos duro durante nuestras cortas vidas sólo para ganar el reconocimiento de la sociedad dependiendo de qué tan exitosos somos para mantener sus valores. Al final de cuentas, no vivimos para nosotros en absoluto, sino que nos esforzamos por agradar a nuestros hijos, nuestros familiares, nuestros conocidos, y a la sociedad en general.

Por lo tanto, para corregir, debemos cambiar los valores sociales, los parámetros que establecen y sus definiciones de éxito. En ese sentido, claramente, tener éxito en resolver la crisis depende del cambio de los valores de la sociedad. De esta manera, si queremos evitar el sufrimiento y la destrucción y llegar a una nueva civilización de manera fácil y rápida, debemos diseminar el conocimiento acerca de la crisis, su causa, y su corrección.

ALTRUISTAS Y EGOÍSTAS EN LA SOCIEDAD

De acuerdo a los científicos, los altruistas representan el 10% de la humanidad. Dicho porcentaje es constante en la sociedad, está genéticamente condicionado y existe independientemente de condiciones externas, tales como la influencia de la familia, la educación y la sociedad. Los altruistas no desaparecen, el gen que determina esta característica se oculta dentro de la persona y no puede ser destruido.

Pese a que el 90% de las personas en una sociedad son egoístas, la cultura, la ciencia, el arte, la religión, la ética, la ley, y la educación, todas se basan por completo en los conceptos del 10% altruista en la sociedad. Esto se debe a que el comportamiento altruista es beneficioso para todos.

El altruismo rige la educación: las escuelas nos enseñan a actuar de acuerdo a ese parámetro; nos dicen que seamos honestos, empeñosos, respetuosos de los demás, compartir con otros lo que tenemos, ser amigables y amar a nuestros semejantes. Todo esto pasa porque el altruismo es provechoso para la sociedad.

La funcionalidad de las leyes de los organismos vivos nos enseña que la existencia de éstos depende del trabajo cooperativo de todas sus partes. Los altruistas innatos naturalmente se involucran en acciones de ayuda al prójimo; sin embargo, para los egoístas tales acciones parecen completamente imposibles.

Las células en cada organismo, coexisten de manera altruista -pese a su naturaleza egoísta- debido a su conocimiento de la ley de los organismos vivos. De manera similar, la *percepción* de los beneficios del comportamiento altruista está presente en la sociedad humana egoísta. Nadie en el mundo se opone activamente a las acciones altruistas. Por el contrario, todas las organizaciones y personalidades difunden su participación en actividades de ese tipo y se enorgullecen de ellas. Nadie objeta la diseminación de ideas altruistas en el mundo. Por lo tanto, evidentemente, uno de los factores decisivos en traer a la humanidad fácil y rápidamente a la nueva civilización depende de las organizaciones que se dediquen a esta tarea y de la difusión de su mensaje.

PLAN PARA RESOLVER LA CRISIS

La meta de las fuerzas altruistas es formar valores de esa índole en la sociedad. Los medios para modificar nuestro comportamiento de egoísta a altruista es cambiar nuestras prioridades y escala de valores. Necesitamos estar convencidos de que el otorgamiento a la sociedad es mucho más importante y valioso que recibir de ella. En otras palabras, cada persona debe llegar a sentir una satisfacción mucho mayor como producto de dar a la sociedad que de una adquisición egoísta.

La opinión pública es el único medio para facilitar esta meta porque la cosa más importante para una persona es el aprecio de la sociedad. Los seres humanos están diseñados de tal forma que el recibir la empatía por parte de la sociedad es el propósito en la vida.

Este elemento es tan intrínseco que nadie confiesa que el propósito de cada acción es adquirir el aprecio de la sociedad. La cuestión acerca de nuestra motivación para realizar las acciones nos toma desprevenidos. Es probable que argumentemos que nos motiva la curiosidad, incluso el dinero, pero no admitiríamos cuál es el incentivo real, ¡el reconocimiento de la sociedad!

Como se mencionó previamente, los humanos están diseñados de tal forma que el ambiente humano determina todas nuestras predilecciones y valores. Nosotros estamos completa e involuntariamente controlados por la opinión pública. Esta es la razón por la cual la sociedad puede inculcar en sus miembros cualquier estilo de comportamiento y cualquier valor, inclusive el más abstracto.

Un buen ejemplo del dominio de la sociedad es el sistema de consumo de mercancías de hoy en día. Así, la sociedad sistemáticamente se involucra en crear valores artificiales y modas, empujando de esta manera a un mayor consumo.

Para permitir la formación de valores altruistas en la sociedad humana, su parte altruista debe unirse e influir en los medios de comunicación masivos, instituciones educativas, así como en diversos estados y organizaciones sociales.

El público debe recibir conocimientos acerca de lo siguiente:

- las propiedades del mundo y su totalidad (integridad), el propósito, y el programa;

- la esencia de la crisis;

- la causa de la crisis: la naturaleza egoísta de la humanidad;

- y la posibilidad de superarla sólo por medio del cambio de la naturaleza humana.

El peligro de una situación crítica requiere que la humanidad –fuera del temor de la autodestrucción- exalte el valor máximo del altruismo utilizando los medios masivos de comunicación y todos los medios posibles. Una continua y decidida formación de la opinión pública proveerá a cada persona el ambiente que lo empujará a conferir a la sociedad.

La modificación de las tareas de la sociedad requerirá el cambio de sistemas educativos y planes, comenzando desde una etapa muy temprana. Además, demandará transformaciones cardinales en todas las áreas de la educación y cultura. Todos los medios de comunicación tendrán que elogiar y evaluar los eventos de acuerdo a su beneficio a la sociedad, así como crear un ambiente de otorgamiento hacia ella. Al usar cada uno de los medios masivos de difusión, publicidad, persuasión, y educación, la nueva opinión pública debe abierta y decididamente denunciar las acciones egoístas y exaltar las acciones altruistas como el valor más preciado.

A través de la influencia decidida del entorno, todos aspirarán a recibir de la sociedad únicamente lo necesario para el sostenimiento y no escatimarán ningún esfuerzo para beneficiarla, a fin de recibir el aprecio o reconocimiento de ella.

Al principio, todos trabajarán para ayudar a la sociedad bajo presión e influencia del ambiente. Pero el apoyo y reconocimiento de las acciones por parte de ella proveerán una satisfacción tan completa que la gente comenzará a evaluar el acto de otorgamiento a la sociedad como el valor máximo y único, aún sin la recompensa del ambiente por cada acción de dar. Este proceso elevará el nivel de conciencia humana a un nivel de la nueva civilización.

Debido a que la actividad de las fuerzas altruistas del mundo lo conducirá a éste hacia el equilibrio con la Naturaleza, la humanidad recibirá el soporte necesario para la reducción significativa de los síntomas de la crisis. Entonces, se producirá una transformación positiva y total que se manifestará en la ecología, en la sociedad, y en todos los campos de la vida.

PARTE II

EL ROL DE ISRAEL

El Rol de Israel

La primera parte de este libro explora tanto la crisis global y personal, sus causas, y sus soluciones. Sin embargo, no podemos pasar por alto algunos de los aspectos especiales del Estado de Israel y la vida de cada uno de sus ciudadanos. Es siempre sorprendente ver que un estado tan pequeño atrae tanta atención a nivel mundial, y está continuamente en el centro de luchas colosales.

Los israelíes se están dando cuenta que en su propia tierra, la seguridad personal y nacional se está convirtiendo en un sueño que se esfuma, desvaneciéndose más con cada año que pasa. Hoy en día, la vida en Israel está acompañada de constante miedo: hay refugios antiaéreos en cada esquina, cada apartamento debe, por ley, contar con una "habitación de seguridad" construida de concreto reforzado, y personal de seguridad nos registra a la entrada de cada lugar público. De hecho, a lo largo de su vida, Israel siempre ha estado en guerra. Solamente sus fronteras cambian su naturaleza.

Actualmente, en la era de las armas de destrucción masiva, junto al creciente deseo de nuestros vecinos de destruirnos, nuestra propia existencia está en juego. La gente se encuentra en su punto más álgido de la tensión nerviosa. De acuerdo a una encuesta publicada en la víspera de Yom Kippur (Día del Tormento) del 2006, "Más del 50% de los residentes de Israel se encuentran ansiosos acerca de la existencia misma del estado. Dos tercios piensan que es creíble que ocurra un ataque sorpresivo contra Israel, tal como pasó en Yom Kippur de 1973, y un 70% no confía en el actual liderazgo político y militar".

Aún más, no sólo estamos fallando en llevarnos bien con el mundo, sino que también parece que estamos escindidos, divididos internamente más que cualquier otra nación. Estamos separados en sectores que son hostiles unos a otros.

¿Por qué esto es así? ¿Hay algo especial en nosotros? ¿Estamos condenados a sufrir siempre más que todos los demás? ¿Por qué no se nos permite vivir nuestras vidas en paz? ¿Por qué los ojos del mundo están siempre puestos sobre nosotros? En esta parte del libro, esclareceremos el lugar de Israel en el "mapa humano" y veremos si hay alguna salida a este estado sombrío y poco prometedor. Para hacerlo, nos apoyaremos en la auténtica sabiduría de la Cabalá. Por lo tanto, antes de comenzar, estudiemos el origen de esta sabiduría, de lo que trata, y cómo se conecta con la realidad actual.

LA HUMANIDAD
Y LA SABIDURÍA
DE LA CABALÁ

El hombre siempre ha buscado maneras de encontrar la felicidad. Numerosas enseñanzas, viejas y nuevas, tratan de proveerla. Sin embargo, la humanidad sigue sufriendo. Ninguno de los métodos que la humanidad ha desarrollado a través de la historia han producido la ansiada felicidad; por lo tanto, hoy en día la gente está perdiendo interés en ellos.

Es en esta época de desconcierto que un hasta ahora método oculto está saliendo a la superficie. A través de la historia, sus poseedores lo han mantenido escondido de la vista pública. Tampoco le atraía al público en general, pero actualmente está irrumpiendo hacia el centro de la agenda pública, y personas a través del mundo, de todas las naciones, razas, y nacionalidades lo están siguiendo. Esta enseñanza es la sabiduría de la Cabalá.

Millones alrededor del mundo tienen la sensación de que al utilizar este método, recibirán las respuestas que han estado buscando sobre cómo ser felices. Esto crea una fuerte atracción para la gente hoy en día. Y, pese a que las personas, en su mayoría, aún no entienden la esencia del método, sienten en el fondo de su ser que les proveerá la respuesta. Así, están dispuestos a explorar lo que ofrece la Cabalá.

Para entender lo que ha provocado la expansión de esta sabiduría a nivel mundial, debemos remontarnos a la cuna de la humanidad, a la antigua Babilonia, Mesopotamia. Es allí que fue iniciado el proceso que está siendo completado estos días, un proceso que está atrayendo a las personas hacia la Cabalá.

La sabiduría de la Cabalá explica que la evolución de la humanidad es esencialmente la evolución del deseo de disfrutar. Este deseo evoluciona de generación en generación y nos impulsa a satisfacerlo.

La primera vez que apareció en el ser humano un anhelo por algo más allá del deseo de existir fue 5767 años atrás (de acuerdo al calendario hebreo y a la fecha de escribir estas líneas en el 2006). Pese a que muchas generaciones precedieron a Adán, fue la primera persona en quien apareció el deseo de comprender la Naturaleza colectiva. No es coincidencia que su nombre fuera Adán, porque se deriva de las palabras *Adammé la Elyón*, "Seré como el más Alto" (Isaías 14:14). Fue llamado Adán por su deseo de trascender sus cualidades y llegar a ser similar a la cualidad altruista de la Naturaleza. Adán transmitió a su descendencia lo que había descubierto. El libro *Raziel ha Mal'aj* (*El Angel Raziel*), es atribuido a él.

El día que Adán descubrió el mundo espiritual se llama "el día de la creación del mundo". Ese fue el primer contacto de la humanidad con el mundo espiritual, y es por eso que el calendario hebreo comienza con ese día.

De acuerdo al plan de la Naturaleza, la humanidad logrará un balance con la Naturaleza inclusiva, la corrección final del ego humano, en el transcurso de 6.000 años desde aquel punto. Es por esta razón que se

El libro *Raziel ha Mal'aj*, El Angel Raziel

escribió que "el mundo existe por seis mil años" (Talmud Babilónico, Sanedrín, 97:71). Durante esos años,
el ego humano crecerá de manera gradual, llevando a la
humanidad a darse cuenta que éste debe ser corregido.

Este proceso ayudará también a preparar a la humanidad para que tenga la capacidad de captar el método de corrección e implementarlo.

Unas cuentas generaciones después de Adán, la humanidad se centró alrededor de la antigua Babilonia, y es allí donde se produjo el primer brote de egoísmo. Como resultado, la gente comenzó a querer dominar la Naturaleza y el mundo, y a explotar todo para su propio beneficio.

Este estallido de egoísmo fue descrito alegóricamente como la edificación de La Torre de Babel: "Vengan, construyamos una ciudad, y una torre, con su techo en el cielo" (Génesis, 11:4). Sin embargo, el complot de los babilonios falló porque es imposible satisfacer el ego directamente.

A medida que sus egos crecieron, eso los separó entre sí. Previamente, la gente de Babel vivía como un solo pueblo. Pero una vez que el ego comenzó a "hablarles", dejaron de entenderse mutuamente. Este momento es conocido como "la evolución de diferentes idiomas". Así, el odio los separó, y se dispersaron por todo el mundo.

Sin embargo, en uno de esos babilonios, un hombre llamado Abraham, surgió un deseo por conocer el secreto de la vida, junto al crecimiento del ego. Fue el mismo deseo que primero apareció en Adán.

Hasta este punto, Abraham estuvo ayudando a su padre a construir ídolos y venderlos. Pero una vez que comenzó a sentir que los ídolos ya no satisfacían su creciente deseo, comenzó a buscar fuerzas superiores. Esta historia simboliza la sensación de Abraham de que estaba idolatrando cada deseo egoísta que tenía, reverenciando su deseo y rindiéndose a su dominación.

De esta forma, Abraham comenzó a sentir que tal vida no conducía a nada, como la vida de un objeto inanimado. Sintió que si quería trascender a una vida más evolucionada, tendría que "romper los ídolos"; es decir, tratar de escapar de la dominación del ego.

Cuando lo hizo, descubrió la fuerza inclusiva de la Naturaleza y la llamó "Dios", que en *Gematria* (método de utilización de letras hebreas como números), es igual a "la Naturaleza".

Abraham reconoció que la fuerza de la Naturaleza requiere que toda la gente llegue a un balance con ella, y que el desequilibrio es la fuente de todo sufrimiento.

Cuando él siguió su búsqueda descubrió que el ego está conformado por 613 deseos, cada uno de los cuales debe ser adaptado a la ley general de la Naturaleza que es la ley del altruismo. En otras palabras, en todos sus deseos, el ser humano debe alcanzar el estado de "Ama a tu prójimo como a ti mismo", el servicio a los demás.

Cuando corregimos cada uno de los deseos, al utilizarlos de manera altruista en vez de egoísta, la Cabalá lo llama "realizar *Mitzvot*" (cumplir los Mandamientos). Esto se refiere a cambiar la *intención* con la que usamos nuestros deseos, no a ninguna acción física.

El método para alcanzar equilibrio con la Naturaleza, más allá del ego, fue descubierto por Abraham. Se llama "la sabiduría de la Cabalá". El *Sefer Yetzirá (El Libro de la Creación)* también es atribuido a él.

Abraham comenzó a impartir esta sabiduría a su pueblo, los antiguos babilonios. Está escrito que "Abraham el Patriarca los traería a su casa, les daría alimento y bebida, y los acercaría" (Bereshit Rabá 84:4). Sin embargo, la mayoría del pueblo no se interesó en corregir sus egos.

Pero después de que Abraham y Sara, su esposa, hicieran considerables esfuerzos para enseñar el método de corrección, lograron organizar un grupo de gente que se convirtió en el primer grupo de cabalistas en la historia de la humanidad. Este grupo luego recibió el nombre "Israel".[9]

A partir de ese punto, el desarrollo de la humanidad ha sido dividido en dos senderos: el de los cabalistas y el del resto de la humanidad. A medida que el ego continuó creciendo, tanto entre los cabalistas como en el resto de la humanidad, evolucionó de manera muy distinta en cada uno de estos grupos. Los cabalistas se forzaron a mantener el balance con la Naturaleza por encima del creciente ego, mientras que el resto de la humanidad buscó nuevas vías para satisfacer sus egos.

De generación en generación, la humanidad alcanzó logros mayores. La gente siguió creyendo que muy pronto alcanzaría su máxima satisfacción. Sin embargo, ellos permanecieron más vacíos que antes de haber surgido la nueva esperanza, hasta que hoy en día, el ego ha llegado a su grado definitivo. Por lo tanto, muchos están sintiendo que los milenios en que el ego se ha ido desarrollando han generado sólo impotencia y una crisis general, global.

Percatarse de esto pone a la humanidad en la misma posición que ocupó en Babilonia. Pero esta vez la humanidad, que se dispersó a través del globo y se proliferó en miles de millones de personas, está lista para escuchar. Ahora, ha llegado el momento oportuno para absorber el método fundado por Abraham, concebido para enseñar a todos cómo utilizar sus egos correctamente, cómo lograr el balance con la Naturaleza, y cómo sentirse al igual que toda la Naturaleza: eterna y completa.

Hasta hace poco, los cabalistas fueron obligados a ocultar este método al mundo.. Tenían que esperar hasta que apareciera el grado máximo del ego, un nivel en que la humanidad perdería la esperanza de encontrar satisfacción. Esperaron el momento en que las personas necesitaran un método de corrección, y sintieran que, entre todas las enseñanzas, la cura de todos los males podría ser encontrada específicamente dentro de la sabiduría de la Cabalá. Por lo tanto, ahora que estas condiciones han sido cumplidas, los cabalistas, quienes sigilosamente ocultaron el método en el pasado, lo están abriendo a todos. Esto completa el círculo histórico, y toda la humanidad como un solo cuerpo puede ahora alcanzar el equilibrio con la Naturaleza.

En un manifiesto llamado "El Cuerno del Mesías", Baal HaSulam dice que salvar el mundo de su apremiante situación depende solamente de diseminar el método de corrección: "Somos una generación que se encuentra en el umbral de la redención, si tan solo supiéramos cómo difundir la sabiduría de lo oculto entre las masas".

Él enfatiza que la sabiduría de la Cabalá debe llevarse a todos en el mundo, y lo compara con la voz del *Shofar* (cuerno de cordero utilizado como trompeta en varias festividades judías): "La diseminación de la sabiduría en las masas se llama "*Shofar*". Y como el *Shofar*, cuyo sonido viaja una gran distancia, así el eco de la sabiduría se difundirá a través del mundo...."

EL NACIMIENTO DEL "PUEBLO DE ISRAEL"

Para que en la actualidad surjiera el método de corrección y conduzca al mundo al equilibrio con la Naturaleza, tuvo que ser transmitido y desarrollado de generación en generación. Es un proceso que comenzó en el mismo grupo de cabalistas que Abraham inició, y se ha extendido a través de miles de años.

Después de haber usado el método de Abraham por varias generaciones, el ego intensificado apareció en su grupo también. En ese estado, para poder sobrellevar el nuevo egoísmo, se necesitaba encontrar un nivel más elevado del método a fin de lograr el balance con la Naturaleza.

El proveedor de este nuevo método fue Moisés, el gran cabalista de ese tiempo. Moisés sacó al pueblo de

Egipto, fuera de la dominación del nuevo ego, y les enseñó a ser "como un solo hombre con un solo corazón", como partes de un único cuerpo. Debido a su tamaño, este grupo ya fue llamado "un pueblo" o "una nación", aunque genéticamente fue parte del pueblo de los antiguos babilonios al que perteneció Abraham, tal como incluso la ciencia lo confirma hoy.[10]

El método de Moisés de lograr el balance con la Naturaleza fue una continuación del método de Abraham, y se le llamó "La Torá". Ésta no se refiere a la Torá (Pentateuco) como un documento histórico, tal como lo conocemos hoy, sino como un método para la corrección del ego. El término "Moisés" simboliza la fuerza que lo jala (*Moshej*, en hebreo) a uno del dominio del ego. El término "Torá" viene de la palabra "instrucción" o "luz", la fuerza que corrige, como en "La Luz en ella los reforma (Midrash Rabá, Lamentaciones, Introducción, 2° párrafo). La Torá también se refiere al placer que llena a quien ha corregido el ego.

Así, el grupo de cabalistas continuó evolucionando. Al implementar el método de Moisés, corrigieron todos los deseos egoístas que surgieron en ellos, y al llenado (satisfacción, luz) que recibieron dentro de sus deseos corregidos se le llamó *Beit ha Mikdash* (El Templo, La Casa de Santidad). El Templo es sus deseos corregidos, los que ahora se han convertido en una casa llena de santidad; es decir, el atributo del altruismo, la cualidad de la Naturaleza exhaustiva.

Cuando nacieron los hijos, fueron criados por el método de corrección y lograron sus propios logros espirituales. Así, la gente vivió dentro de la sensación de la Naturaleza común, colectiva, hasta que el ego saltó un grado más, causándoles perder esa sensación. A la separación de la sensación de la Naturaleza inclusiva se llama "la destrucción del Templo", y la nueva denominación del ego se llama "el exilio en Babilonia".

La corrección del ego que hizo erupción con la destrucción del Primer Templo se llama "el retorno del exilio en Babilonia y la erección del Segundo Templo". Sin embargo, esta vez la nación fue dividida en dos: algunos tuvieron éxito en la corrección de sus egos; otros fueron subyugados por éstos y no lograron corregirlos. El ego fue creciendo gradualmente entre el primer grupo también, hasta que la nación entera perdió la sensación de la Naturaleza inclusiva, y el pueblo cayó en el ocultamiento espiritual. Esta dominación del ego se llamó "la ruina del Segundo Templo", y el pueblo siguió con otro exilio, el cual sería el último.

La ruina de la cualidad altruista causó que la nación entera perdiera la sensación de la Naturaleza exhaustiva, excepto por unos cuantos escogidos, los cabalistas, quienes vivieron en cada generación. Lejos de la vista pública, estos cabalistas continuaron desarrollando el método para corregir la naturaleza humana y adaptarlo al creciente ego. Su tarea fue preparar el método para la época en que Israel y la humanidad lo necesitaran.

LA EVOLUCIÓN
DEL MÉTODO
DE CORRECCIÓN

Alrededor de la época del último exilio, en el 2° siglo de la EC, *El Libro del Zohar* fue escrito por el Rabí Shimon Bar-Yojai y sus discípulos. El libro describe el método de corrección, y todo lo que experimentará quien logre el balance con la Naturaleza. Utilizando un lenguaje de insinuaciones y alegorías, también revela cada estado que la humanidad pasará hasta la corrección final del ego.

Debe puntualizarse que pese a que *El Libro del Zohar* fue escrito antes que el pueblo fuera al exilio, establece que este libro sería descubierto solamente al final del exilio. Es decir, su arribo traería consigo el fin del exilio espiritual: "...porque Israel está destinado a probar del *Árbol de la Vida*, que es este libro del *Zohar*, en el que ellos saldrán del exilio con misericordia" (*El Libro del Zohar*, Parashat Nasó, ítem 90).

El *Zohar* también escribe que al final de un período de 6,000 años asignados para la corrección del ego, el libro será revelado a toda la humanidad: "Cuando estén cerca los días del Mesías, incluso los niños en el mundo serán destinados a encontrar los secretos de la sabiduría, y conocer en ellos los fines y los cálculos de la redención. Y en esa época será revelada a todos". (*El Libro del Zohar*, Parashat VaYirá, ítem 460).

Así, inmediatamente después de ser escrito, *El Libro del Zohar* fue ocultado. La siguiente vez que el libro apareció fue en España en el siglo XIII. Luego, en el siglo XVI, alrededor de 1,400 años después de escribirse el *Zohar*, el Arí (Rabí Isaac Luria) apareció en Safed, una ciudad de cabalistas en el norte de Israel.

En un lenguaje sistemático, científico él reveló el método de corrección del *Zohar*. También describió con lujo de detalles las fases de corrección del ego, conduciendo al balance con la Naturaleza exhaustiva. Sus escritos contienen descripciones de la estructura del Mundo Superior y explica cómo uno puede ser admitido en esa dimensión de la realidad y vivir dentro de ella.

Sin embargo, debido a que el ego todavía no había manifestado su poderío durante la época en que vivió el Arí, sólo unos cuantos pudieron entenderlo. Esto es porque una percepción más aguda se logra cuando el ego es más evolucionado.

Cuando llega el fin del período de corrección, trae consigo el nivel final del egoísmo, las crisis que crean la necesidad del método para corregir el ego. Actualmente, muchos ya necesitan el método de corrección, y pueden captar lo que muy pocos podían hacerlo en el pasado.

Por lo tanto, el método completo de corrección se está revelando hoy en día: Baal HaSulam (1884-1954) logró interpretar *El Libro del Zohar* y los escritos del Arí, de manera que cada uno de nosotros fuera capaz de comprenderlos. En "La Enseñanza de la Cabalá y su Esencia", él escribió: "Estoy feliz de haber nacido en una generación en la que ya es permitido hacer pública la sabiduría de la verdad. Y si me pregunta, '¿Cómo sé que eso es permitido?' Debo responder que es porque me fue otorgado el permiso para revelarla".

Entre las principales composiciones de Baal HaSulam se encuentra, el *Comentario El Sulam sobre el Libro del Zohar*, en el que traduce el *Zohar* del arameo al hebreo, e interpreta lo ahí plasmado. También escribió *El Estudio de las Diez Sefirot*, en el que explica los escritos del Arí.

Además de estos grandiosos trabajos, Baal HaSulam escribió muchos ensayos que clarifican cómo establecer una sociedad humana que esté balanceada con la Naturaleza. Explicó que era capaz de hacerlo en respuesta a la necesidad de esa generación de contar con un método claro, sistemático de corregir el ego.

"Todo mi mérito en la manera de revelar la sabiduría se debe a mi generación" ("La Enseñanza de la Cabalá y Su Esencia").

Tal como lo predijeron los cabalistas, el final del siglo XX vio el principio de una nueva era en la evolución humana. Hoy en día, las masas se han comenzado a interesar en la Cabalá. En el siglo XVIII, el Gaón de Vilna señaló 1990 como el año en que el proceso de corrección masiva comenzaría, tal como fue escrito en su libro *Kol ha Tor (Voz de la Paloma)*. Baal HaSulam mencionó el año 1995 en una conversación con discípulos en 1945.

No es coincidencia que el interés en la Cabalá esté desarrollándose de esta manera. Los cabalistas explican que si esperamos hasta el final de los 6,000 años sin progresar en la corrección de nuestros egos por nosotros mismos, vamos a sufrir tremendamente, la mayoría de la población mundial se extinguirá a través de horrendas guerras, y los pocos sobrevivientes tendrán que llevar a cabo el plan de la Naturaleza, de todas maneras.

En las escrituras de la Última Generación, Baal Ha-Sulam explica que, "el Creador dio lugar y entregó a la humanidad la tecnología, hasta que ésta inventó las bombas atómicas e hidrógenas. Y si la ruina total que están destinadas a traer aún no es evidente para el mundo, pueden esperar por una tercera o cuarta guerra mundial. Las bombas entonces harán lo suyo y los vestigios después de la ruina no tendrán otra opción sino asumir este trabajo".

En otras palabras, si decimos "Lo que será, será" y simplemente nos quedamos sentados sin actuar, la Naturaleza nos forzará a corregirnos a través de penas horrendas en el marco de los 233 años restantes, hasta el fin de los 6,000 años. Este doloroso proceso se llama "a su debido tiempo", lo cual significa, "en el tiempo asignado". Pero el sufrimiento se intensificará y aumentará hasta el punto en que cada momento parezca una eternidad, ya que el tiempo es un asunto psicológico. De hecho, realmente podemos sentir que nuestras vidas se están haciendo cada vez más difíciles, y esto es sólo el comienzo.

Sin embargo, en el sendero de la corrección, no hay límite de tiempo. Tal como los cabalistas a través de las épocas lograron el balance con la Naturaleza, cualquiera hoy en día puede hacer lo mismo y experimentar la misma perfección y eternidad. Este sendero se llama "lo apresuraré", porque acelera el tiempo. De una manera u otra, todos nosotros debemos lograr el balance con la Naturaleza, e incluso la muerte no es una escapatoria del proceso obligatorio de corrección.

La elección entre los dos senderos depende de nuestra conciencia, la cual evolucionará ya sea mediante el sufrimiento o a través del escrutinio. La evolución mediante el escrutinio puede ser realizada utilizando la sabiduría de la Cabalá, la cual describe nuestra situación, explica hacia dónde debemos llegar, y provee los medios para llegar allí. Por lo tanto, es posible que la humanidad experimente 233 años de insoportable tormento, tal como se describen los días del Mesías en los libros de Cabalá. Caso contrario, esto podría ser efectuado en un tiempo mucho más corto con euforia sin límites. En esta encrucijada, el rol de Israel es crítico.

EL ROL DE ISRAEL

Los descendientes del grupo de cabalistas de Abraham son el pueblo de Israel. Antes de comenzar a discutir el rol de Israel, es importante saber que esto no se trata en absoluto de una cuestión de nacionalismo, tal como Baal HaSulam lo manifiesta en su ensayo *"Matán Torá"* (La Entrega de la Torá): "¿Existe, Dios no lo permita, nacionalismo involucrado aquí? Por supuesto, sólo una persona insensata podría pensar eso". El pueblo de Israel no es mejor que otras naciones, pero sí posee un rol único en el plan de la Naturaleza. La humanidad es como un solo cuerpo, en el que cada uno de los órganos tiene su propia función.

Los cabalistas dicen con un lenguaje alegórico que al principio, el método de corrección fue ofrecido a cada nación, debido a que "el propósito de la Creación recae en los hombros de toda la raza humana, ya sea blanca, negra, o amarilla" (Baal HaSulam, "La Garantía Mutua" o *Arvut*). Sin embargo, cuando la Torá fue otorgada, ninguna de las naciones estaba lista para recibirla; claramente, la humanidad no la necesitaba todavía. Por esta razón, el método fue otorgado al pueblo de Israel para funcionar como un "tránsito" para el método que finalmente sería realizado por toda la humanidad.

El pueblo de Israel es diferente a todas las naciones. Comprende el mismo grupo de cabalistas que Abraham estableció de residentes de Babilonia. Su tarea es preservar el método de corrección a través de la historia de la humanidad hasta el tiempo en que todos lo necesiten. En esa época, este grupo, llamado ya "el pueblo de Israel", podría realizar su función y transferir el método de corrección a todas las naciones.

La caída de ese grupo de cabalistas bajo el dominio del ego produjo dentro de ellos un ego único y sofisticado. Esto entró en efecto de manera que los judíos agilizaran la evolución del mundo mientras aún permanecieran entre las naciones.

Las naciones del mundo no poseían suficiente empuje para el progreso, y el rol de los judíos fue alentarlos a avanzar hacia una evolución egoísta mayor. Por lo tanto, los judíos encabezaron las revoluciones culturales, científicas, económicas y tecnológicas. Estas acelerarían la comprensión de que el egoísmo solo lleva al mundo a un punto muerto, y que debemos corregirlo. En la actualidad, además de nuestra conciencia acerca de nuestra necesidad de corregir el ego, debemos aprender cómo implementar el método de corrección.

Hay diferentes fases en este proceso. Primero, el pueblo de Israel debe corregirse a sí mismo y recobrar el balance con la Naturaleza, el cual perdieron unos 2,000 años atrás. Para que esto ocurra, deben llegar a conocer el método de corrección del cual se han desvinculado, y comenzar a utilizarlo. Una vez que hayan hecho esto, servirán como un ejemplo altruista a toda la humanidad, y cumplirán el rol de ser *"luz a las naciones"*.

Cuando la corrección de Israel se transfiera al resto del mundo, la segunda fase del plan será realizada: la corrección de toda la humanidad. Así, "Cuando los Hijos de Israel sean complementados con la razón total, las fuentes de la inteligencia y del conocimiento fluirán más allá de las fronteras de Israel y bañarán todas las naciones del mundo", tal como está escrito (Isaías 11), "Por lo que la tierra será repleta del conocimiento del Señor" (Baal HaSulam, "Introducción al Árbol de la Vida", ítem 4).

EL REGRESO A LA TIERRA DE ISRAEL

El regreso del pueblo de Israel a la tierra de Israel está predeterminado en el plan de la Naturaleza. Para comprenderlo, debemos entender el significado espiritual del término "la tierra de Israel". Y para esto, debemos comprender el lenguaje utilizado por los cabalistas.

Cuando lograron el balance con la Naturaleza, los cabalistas descubrieron una parte de la realidad que está más allá del rango de percepción de la persona egoísta. Llamaron a esa parte "El Mundo Superior", o "El Mundo Espiritual". Una vez que descubrieron que cada elemento en el Mundo Superior pende hacia nuestro mundo y engendra una manifestación corporal, llamaron "raíces" a los elementos en el Mundo Superior, y a sus manifestaciones en el mundo corporal, "ramas".

Haciendo uso de nombres prestados de nuestro mundo para describir los detalles, fuerzas y funciones del Mundo Superior, y basándose en el paralelismo entre ambos surgió el "lenguaje de raíces y ramas".

En el lenguaje de ramas, "tierra" significa "deseo", e "Israel" significa *Yashar El* ("directo a Dios"). Por lo tanto, "la tierra de Israel" designa un deseo encaminado directamente hacia el alcance de la cualidad altruista de la Naturaleza.

Las generaciones que vivieron en la tierra de Israel antes de la destrucción del Segundo Templo estuvieron en un estado de logro espiritual. En esa época, hubo una congruencia entre el grado espiritual de la gente de Israel y su presencia física en la tierra de Israel; por lo tanto, Israel mereció estar ahí. Cuando el pueblo perdió su grado espiritual y decayó bajo la dominación de los deseos egoístas, la incongruencia entre el nivel espiritual del pueblo de Israel y su presencia en la tierra de Israel, eventualmente provocó la destrucción del Templo y el exilio de la tierra de Israel.

Mientras en el pasado su declive espiritual precedió el exilio del pueblo de Israel, yendo a vivir entre otras naciones, actualmente la situación se ha revertido. El retorno físico del pueblo a la tierra de Israel antecedió su regreso espiritual, pero la congruencia entre la raíz espiritual y la rama corporal debe ser reconstruida. El pueblo de Israel debe ascender por el mismo sendero por el que previamente descendió, pero en sentido opuesto: primero, el retorno físico, y segundo, el retorno espiritual.

Por lo tanto, el pueblo de Israel está obligado a alcanzar el grado espiritual de la "tierra de Israel", y es por eso que el método de corrección está siendo revelado a éste. Mientras Israel no esté corregido, su pueblo se sentirá incómodo en esa tierra. Es imposible vivir en Israel sin tener un ideal espiritual. Las fuerzas de la Naturaleza simplemente no le permiten a uno estar tranquilamente en esa tierra, si no se tiene la congruencia espiritual.

Para alentar a los residentes de la tierra física de Israel a elevarse al nivel espiritual, llamado "la tierra de Israel", la realidad parece insegura e inquietante. Todas las presiones aplicadas sobre Israel por otros países, así como a través de crisis sociales internas, reflejadas en la política, en la sociedad, e incluso en las vidas personales de la gente, están allí para obligarnos a avanzar hacia la meta de nuestra existencia en este mundo.

"En una frase: Mientras no elevemos nuestra meta por encima de la vida corporal, no tendremos restauración corpórea, porque lo espiritual y lo corpóreo en nosotros no pueden vivir conjuntamente debido a que somos los poseedores de la idea" (Baal HaSulam, "Exilio y Redención").

El Libro del Zohar y los cabalistas a través de las generaciones han declarado el retorno del pueblo de Israel del exilio como el tiempo en que la corrección del mundo tendría que llevarse a cabo. Por lo tanto, cuando la nación regresó a Israel, el gran cabalista, Rav Abraham Isaac HaCohen Kook, quien también fue el primer Gran Rabino de Israel, fue muy franco:

"Ha llegado el tiempo que todos sepan y reconozcan que la salvación de Israel y la salvación del mundo entero dependen solamente de la aparición de la sabiduría de la luz oculta de la interioridad de los secretos de la Torá [Cabalá] en un lenguaje claro" *Cartas del Raiah*, p.92). "Solamente cuando seamos lo que debemos ser, regresará a la humanidad la virtud más elevada, cuya esencia será capacitada para la luz espiritual oculta dentro de su cualidad; y naturalmente se alzará en su totalidad, y con orgullo conocerá su felicidad" *Sefer Orot (Libro de Luces*, p. 155).

Debemos saber que, tal como el pueblo de Israel no es tomado en cuenta entre las setenta naciones del mundo, sino que es considerado un grupo especial que tiene como finalidad transmitir el método de corrección a toda la humanidad, "la tierra de Israel" no existirá en el planeta Tierra a menos que sea una tierra en la que reside una nación espiritual.

Por lo tanto, el pueblo de Israel merece vivir en esa tierra sólo en la medida que cumpla su deber. De lo contrario, no será considerado "el pueblo de Israel" y la tierra tampoco será considerada "la tierra de Israel". Israel entonces se convertirá en una tierra que expulse y repele a esta gente, una tierra que no puede mantener esta nación sobre su suelo, "una tierra que devora a sus habitantes" (Números, 13:32).

Baal HaSulam predijo que de no efectuarse ningún cambio, la propia existencia de los judíos en la tierra de Israel estaría en riesgo. En las escrituras de *La Última Generación*, él escribió que los asuntos podrían deteriorarse y tantos dejarían Israel que "poco a poco, se escaparán del sufrimiento hasta que queden muy pocos como para ser merecedores del nombre 'Estado', y serán tragados entre los árabes".

UNIENDO LA NACIÓN

Si nosotros realmente queremos ser una nación libre en nuestra tierra, tal como lo establece nuestro himno nacional, debemos implementar la misma fórmula que nos sostuvo antes de la ruina y del exilio. En lugar de la separación, alienación, y odio infundado que abunda hoy en día, debemos una vez más ser como partes de un solo cuerpo, y unirnos con la Naturaleza inclusiva. Y el medio para alcanzar la unidad por encima de nuestros potentes egos es implementar el método de corrección.

En verdad, nos hemos congregado en la tierra de Israel principalmente debido a la necesidad. El plan de la Naturaleza ha hecho que las naciones del mundo nos presionen, y nos obliguen a escapar de la Diáspora para encontrar un refugio en Israel. En su mayoría, el pueblo fue forzado a venir aquí como un lugar de refugio donde pudiera estar a salvo de la presión de sus enemigos, o mejorar sus vidas corporales. No vinieron a Israel debido a una motivación interna de conectarse con amor, crear una nación unida, equilibrarse con la Naturaleza altruista, y luego conducir toda la humanidad hacia eso.

Al final, nuestras actuales ataduras no nos permitirán enfrentar las naciones que están en contra de nosotros, cuyo lazo interno es mucho más sólido que el nuestro. Nuestros adversarios están claramente conscientes de nuestra debilidad, como lo explica el Dr. Zeev Magen, jefe del departamento de Historia del Medio Oriente de la Universidad Bar Ilan[11]: "Los iraníes y el resto de los fundamentalistas están convencidos de que somos una sociedad desprovista de cualquier infraestructura de principios uniformes. Aún más, están convencidos de que nosotros también hemos llegado a la conclusión que tal infraestructura no puede existir aquí. Por lo tanto, los fundamentalistas están optimistas de que tarde o temprano nos derrotarán y nos sacarán de aquí, o al menos, terminarán con nuestra soberanía, ya que la certeza siempre supera a la incertidumbre. Por lo tanto, desde su punto de vista, estamos viviendo en tiempo prestado.

Un artículo de prensa, publicado recientemente en uno de los periódicos árabes, finalizó con una cita de Haminai, quien retomaba una frase del Corán cuando dijo que 'Los judíos no lucharán contra ustedes como un solo hombre. Ustedes piensan que están unidos, pero sus corazones están divididos'".

La unidad entre nosotros sólo puede ser alcanzada cuando nos unamos alrededor de la realización de nuestro deber en este mundo. La intención no es que nos unamos para mejorar nuestra situación a expensa de otras naciones o países. La idea "nacionalista" de la nación acerca de la que habla la sabiduría de la Cabalá es tan lejos de ser "nacionalismo tradicional" como el este es del oeste. No debemos considerarnos superiores a otros.

Por el contrario, el término "pueblo escogido" significa que este pueblo fue escogido para *servir a todas* las naciones. Su deber es ayudarles a lograr el equilibrio con la Naturaleza, y a alcanzar el grado de la más grande prosperidad espiritual. Debemos mirarnos como un medio hacia ese fin y nada más; y sólo seremos capaces de desarrollarlo alcanzando la unidad entre nosotros mismos.

Nuestro regreso a Israel bajo amenaza fue parte del plan de la Naturaleza, así dándonos la oportunidad de descubrir por nosotros mismos nuestra necesidad interna de unirnos, y de crear una nación que conduzca a la humanidad a la plenitud.

No es coincidencia que actualmente estemos fallando en crear una sociedad en Israel. Estamos divididos en sectas: seculares vs. religiosos, izquierda vs. derecha, ashkenazíes vs. sefardíes, nativos de Israel vs. nuevos *Olim* (inmigrantes) y así sucesivamente.

Todos nuestros esfuerzos para unirnos hasta ahora han sido inútiles; las brechas sociales se están profundizando, y el odio y la alienación han empeorado. Una reciente encuesta reveló que incluso hoy, el 57% de los israelíes cree que la existencia del estado de Israel podría estar en peligro debido a un odio infundado.[12]

En el estado actual, debemos hacer una pausa y encontrar nuestras raíces, ver de dónde venimos, cómo hemos llegado a ser "el pueblo de Israel", encontrar los principios por los cuales la nación fue fundada y su propósito. Sólo cuando en realidad "vivamos" los eternos fundamentos de los ideales espirituales sobre los cuales fue fundado el estado de Israel, seremos capaces de unirnos y de promover la unidad de todo el pueblo, dondequiera que esté.[13]

ANTISEMITISMO

Ninguna calamidad llega al mundo sino por Israel.
~Talmud Babilónico, Yevamot, 63:1

Entender el rol de Israel hace más fácil comprender el fenómeno del antisemitismo, y cómo podría ser resuelto. La raíz tanto del antisemitismo como de acusar a los judíos por cada adversidad que ocurre en el mundo es parte del propósito de la existencia de Israel: proveer al mundo el método de corrección del ego. El destino del pueblo de Israel depende de la manera en que realice su tarea.

Mientras Israel no lleve a cabo el método de corrección sobre sí mismo y no lo transmita al resto de las naciones, el desequilibrio de la humanidad con la Naturaleza se incrementará. Esto seguirá aumentando la intensidad y la frecuencia de los fenómenos negativos en toda la humanidad, y en la vida de cada individuo. Actualmente, estos fenómenos han empeorado, al nivel de una crisis global.

El antisemitismo está apareciendo en el mundo de acuerdo a la evolución de las naciones. Subconscientemente, las naciones sienten que dependen de Israel para su felicidad. Es por esto que la actitud negativa hacia los judíos ha aparecido específicamente en naciones más evolucionadas. No es sorprendente que Alemania, el país más evolucionado en el principio del siglo XX, fuera también el país donde un horrendo brote de antisemitismo ocurriera. Mientras más evoluciona el ego de una nación, de manera más poderosa se despierta el odio hacia los judíos. En algunos casos, es una reacción violenta; en otros, se refleja en consentimiento silencioso y apoyo.

Hoy, la evolución del ego ha hecho a la mayoría de naciones del mundo sentir rencor hacia Israel. Incluso países que anteriormente tuvieron simpatía hacia Israel, tales como los de Europa del norte, han cambiado para mal. Los sondeos efectuados en la Unión Europea indican que el 60% de la población en la Unión Europea cree que Israel es el país que representa el mayor peligro para la paz mundial. En Holanda, por ejemplo, esta visión es apoyada por el 74% de la población. La encuesta

también reveló que la imagen de Israel entre los más edu-
cados está deteriorándose. [14]

Además, aparentemente "pequeños e insignifican-
tes" países están haciendo declaraciones anti-israelíes.
Incluso países que no tienen contacto directo con Israel
muestran actitudes antisemitas. Todos estos fenómenos
están enraizados en la Naturaleza de la Creación, tal
como está escrito, "Es sabido que Esaú odia a Jacobo"
(Midrash Sifrey, Parashat BeHaalotjah, par. 11).

Debe puntualizarse que otras naciones se relacionan entre sí de manera muy diferente a la manera en
que lo hacen con Israel. Incluso cuando dos naciones se
odian mutuamente, se unen ante una amenaza común,
tal como los animales cooperan para escapar del peligro.
Pero las actitudes de otras naciones hacia Israel son diferentes: incluso bajo amenaza. Ellos apuntan con el dedo
hacia nosotros como la razón de su estado peligroso.

En el presente, muchas naciones creen que no hay
lugar para el pueblo de Israel en el mundo, ni siquiera
en el estado de Israel. Tales creencias provienen de un
sentido instintivo de que somos la fuente de todos los
aprietos. Sin embargo, aún estas naciones no pueden
conscientemente explicarlo a sí mismas o a nosotros.

De hecho, los judíos, tampoco podemos comprender por qué todos nos odian, y por qué, curiosamente,
nos sentimos culpables. Es casi como si estuviéramos en
deuda con otras naciones, reconociendo que merecen su
actitud distintiva y negativa.

En realidad, el antisemitismo no depende de las naciones del mundo, sino únicamente de la función de Israel. No debemos confiar en que ninguna otra nación nos asista, o esperar que la actitud del mundo hacia nosotros cambie para bien. Por el contrario, el odio hacia nosotros surgirá aún en países que hoy en día parecen apoyarnos, a menos que comencemos a realizar nuestra tarea.

EL AUGE DEL ISLAM

Además del creciente antisemitismo, hay otro fenómeno reciente que está afectando fuertemente nuestra situación: el cristianismo está cediendo su dominio ante el islam fundamentalista. Este proceso es descrito en *El Libro del Zohar* como parte de los procesos que ocurrirán cuando Israel regrese a su tierra: "Y los hijos de Ismael están destinados a evocar grandes guerras en el mundo, y los hijos de Edom se juntarán encima de ellos y harán la guerra con ellos" (*Zohar*, VaEra, item 203).

Cuando estudiamos el auge del islam, así como cuando analizamos cualquier proceso, debemos primero saber que todo lo que sucede en este mundo es una consecuencia del balance de las fuerzas ocultas de la realidad. Por ejemplo, no podemos sentir o ver las fuerzas de la gravedad, pero *podemos* sentir las consecuencias de sus acciones. Medimos sus efectos y así aprendemos cómo manejarlas.

En gran medida, de la misma manera hay fuerzas en la realidad que afectan la sociedad humana. Sin embargo, a diferencia de las fuerzas que afectan grados inferiores que el nivel del ser humano (inanimado, vegetativo, y animado en la Naturaleza y en nuestros cuerpos), no podemos identificar claramente las fuerzas que influyen a la sociedad humana, o sus consecuencias. Esto se debe a que el investigar ciertos fenómenos requiere observarlos desde una perspectiva superior. Por ejemplo, un niño no puede estudiar lo que significa ser un niño. De manera similar, en el presente no podemos entender las fuerzas que afectan nuestro grado, el nivel humano.

Sin embargo, debido a que la realidad es completa, podemos entender que tal como las fuerzas naturales afectan todos los grados de la Naturaleza, la sociedad humana también está influenciada por fuerzas de la Naturaleza, pese a que están ocultas de nosotros. De hecho, todos los fenómenos que observamos en la sociedad humana, en las relaciones humanas, entre los pueblos o entre las naciones, son los efectos de las fuerzas de la Naturaleza, las cuales manipulan la sociedad humana así como un pastor guía su rebaño.

Si queremos cambiar nuestra situación, debemos entender estas fuerzas e influir en el lugar de donde ellas nos afectan. Y el grado de donde nos afectan está por encima del nivel humano, por lo tanto, se le llama "El Nivel Superior de la Naturaleza" o "El Mundo Superior".

Los cabalistas describen este *modus operandi* con las siguientes palabras (Bereshit Rabá, 10, 6): "No hay brizna de hierba debajo que no tenga un ángel [fuerza] por encima de ella que la golpee y le diga: 'Crece'". En otras palabras, nada cambia en nuestro mundo sin una fuerza que lo opera desde un grado superior, el Mundo Superior.

Por lo tanto, para comprender las relaciones entre las religiones en general, y el auge del Islam, en particular, debemos conocer la Raíz Superior de las religiones: las tres líneas. De hecho, la evolución del hombre hacia el equilibrio con la Naturaleza inclusiva se extiende a lo largo de un camino que consiste en tres líneas: derecha, izquierda, y media. Hay muchos grados en este camino. En cada grado uno aumenta egoísmo proveniente de la línea izquierda, y adquiere contra él fuerza altruista equilibrante de la línea derecha para corregir el ego. Nuestra tarea es fusionar las dos líneas extremas en el medio; es decir, usar el ego de manera altruista.

Correspondiente a esas líneas se encuentra un sistema que tiene como propósito sostenerlas, como una cáscara que guarda el fruto en su interior. Por esta razón, el sistema se llama, "el sistema de las *Klipot* (caparazones, cáscaras)". Su tarea es garantizar el funcionamiento de las líneas.

Las consecuencias del trabajo de las fuerzas de la derecha y de la izquierda en la sociedad humana son el islam y el cristianismo, respectivamente.

Las líneas izquierda y derecha ayudan a Israel a mantener un curso recto en la línea media hacia la realización del plan de la Naturaleza. Durante el exilio, la fuerza que operó sobre Israel vino principalmente de la línea izquierda, pero hacia el final de la corrección del egoísmo humano colectivo, la línea derecha se ha hecho progresivamente más activa.

Durante el exilio, la evolución de las naciones se caracterizó por la intensificación del egoísmo. Por lo tanto, la *Klipá* (singular de *Klipot*) izquierda fue la fuerza dominante en moldear el pueblo de Israel y en distinguirlo de las otras naciones del mundo. Lo hizo al odiar a Israel, es decir, a través del antisemitismo. Al hacerlo, protegió al pueblo de Israel de la asimilación en las naciones del mundo a través de siglos de exilio.

Sin embargo, desde el final del exilio, esto ya no era suficiente. Ahora la *Klipá* derecha, la fuerza opuesta a la fuerza equilibrante, debe ser despertada y empujar a Israel a adquirir la cualidad verdadera del altruismo.

Las fuerzas inherentes de la Naturaleza activan los elementos en la sociedad humana: las naciones, los países, y así sucesivamente. Por lo tanto, desde la época del exilio de Israel, la *Klipá* izquierda, el cristianismo, dominó nuestro mundo. Tomó el lugar de Atenas y Roma (que no fueron religiones, o *Klipot*), dominó el mundo y suprimió todos los demás métodos.

Pero al acercarse el tiempo en que Israel debe corregirse y colocar la cualidad del altruismo por encima del ego, la dominación de la fuerza de la *Klipá* de la derecha está apareciendo en el mundo. Esto es lo que sentimos actualmente como una intensificación global del poder del islam sobre el cristianismo.

Cuando el pueblo de Israel comience a afrontar las dos *Klipot* y a estabilizarse en la línea media, se encontrará con la *Klipá* de la línea media. Radica dentro del pueblo, en su propia religión, y tendrá que distinguirla, separarla, y desarraigarla del mundo.

Debemos estar conscientes de que todas las guerras que los cabalistas describen pueden ser determinadas en un nivel superior del humano-social, este es el nivel de nuestros deseos. Si triunfamos ahí, logrando realizar el método de corrección aprendiendo a usar el ego de manera altruista, habremos construido entonces la línea media. En ese estado, no será necesario que las guerras se materialicen.

Debemos recordar que la medida de balance o desequilibrio entre la Naturaleza y nosotros determina la realidad externa, corporal, y la intensidad de sufrimiento que experimentamos. La clave para el cambio está en nuestras manos porque la única parte activa en la realidad, para bien o para mal, es el pueblo de Israel.

INTERIORIDAD Y EXTERIORIDAD

Tengan en mente que en todo hay interioridad y exterioridad. E Israel, los descendientes de Abraham, Isaac y Jacobo, generalmente son considerados la interioridad del mundo, y las setenta naciones son consideradas la exterioridad del mundo.

-Baal HaSulam,
"Introducción al Libro del Zohar"

El pueblo de Israel es análogo a los órganos clave en el cuerpo colectivo de la humanidad -el cerebro, el corazón, el hígado, los pulmones, y riñones- que operan el resto de los órganos en el cuerpo. Cuando estos órganos funcionan incorrectamente, todo el cuerpo sufre y crece enfermo.

Así, el proceso de sanar el egoísmo humano depende del éxito en sanar el pueblo de Israel. Como consecuencia, el resto del cuerpo será curado suave y fácilmente. Debido a que el plan de la Naturaleza posicionó al pueblo de Israel para que se encargara del estado del mundo, somos considerados la interioridad del mundo, mientras que el resto de las naciones son catalogadas como la exterioridad del mundo.

De hecho, cualquier cosa que examines, descubrirás que contiene una parte interna y otra externa. La parte interna en el objeto se llama "Israel" y la parte externa se conoce como "las naciones del mundo". Por ejemplo, cualquier persona que ha sido despertada para corregir su ego, comprende dos clases de deseos: Israel, el deseo de alcanzar el equilibrio con la Naturaleza altruista, y las Naciones del Mundo, los deseos egoístas.

El perfecto balance con la Naturaleza es logrado sólo cuando todos los deseos egoístas de uno están en equilibrio con la Naturaleza altruista. De eso resulta que todo en el mundo funciona de una manera similar. En ese sentido, sólo cuando toda la gente se haya corregido lograremos la corrección completa del egoísmo humano. Sin embargo, aquellos que conforman Israel juegan una influencia decisiva sobre el proceso, surgiendo del orden de la corrección arraigado en el plan de la Naturaleza.

Cuando un individuo de Israel eleva la interioridad de uno, el deseo altruista, por encima de la exterioridad –el deseo egoísta de uno-, se fortalece la interioridad entre los demás de Israel y en las naciones del mundo. Al hacerlo, el pueblo de Israel se acerca a la ejecución de su tarea, y, como resultado, las naciones del mundo desearán apoyarnos y estar más cerca de nosotros.

Si, por otro lado, alguien de Israel exalta y aprecia la exterioridad egoísta de uno, por encima de su interioridad altruista, esa persona eleva el valor de la exterioridad por encima de la interioridad en todos los demás niveles también. Por consiguiente, el pueblo de Israel se desarrolla lejos de llevar a cabo su deber, y las naciones del mundo nos dominan y nos degradan.

Esta percepción, que ubica al individuo de Israel como el diseñador de las relaciones en toda la realidad, es expresada en palabras del Baal HaSulam: "No te sorprendas de que las acciones de una persona traigan ascenso y descenso en el mundo entero... Al contrario, las partes componen todo lo que está en lo general". ("Introducción del Libro del Zohar", ítem 68).

En su libro, *Orot HaKodesh (Luces de Santidad)*, el Rav Kook presenta una idea similar: "La magnitud del valor de la fuerza del deseo del hombre, y cuán crucial es su grado en la realidad, está todavía por ser revelada en el mundo a través de los secretos de la Torá [Cabalá]. Y esta revelación será la corona de toda la ciencia".

Por lo tanto, pese a que el pueblo de Israel lo conformen pocas personas, cuenta con el poder necesario y la fortaleza para llevar a cabo la corrección requerida en el mundo entero. El despertar de las demás naciones depende completamente de la extensión en que una persona de Israel prefiera la interioridad a la exterioridad, o el Israel interno por encima de las naciones internas del mundo en su interior.

En realidad, el pueblo de Israel determina las relaciones entre sí y las naciones del mundo, las cuales se están levantando contra nosotros porque les estamos otorgando poderes. Al incrementar la importancia de nuestra parte egoísta por encima de nuestra parte altruista, estamos haciendo que las naciones del mundo nos dominen también en el exterior.

Si pudiéramos elevarnos incluso un poco hacia el equilibrio con el altruismo de la Naturaleza, nuestros enemigos no desearían luchar contra nosotros. Y si nos eleváramos un poco más, se convertirían en nuestros amigos. Es una reacción directa, completamente independiente de ellos. Nosotros, de hecho, ¡los operamos!

Si tocáramos ese punto intrínseco, nuestros enemigos inmediatamente descubrirían deseos completamente diferentes dentro de ellos, como si el día anterior hubiese sido borrado. Comenzarían a sentir que con nuestra ayuda, ellos podrían alcanzar la eternidad y la perfección.

Así, en la medida que menospreciemos la interioridad, la humanidad nos menosprecia a nosotros, y viceversa. Si ensalzamos la importancia de realizar el plan de la Naturaleza, la humanidad nos considerará como los propietarios del método que conduce hacia la felicidad. Esta es la ley de la interioridad y exterioridad, y no puede ser cambiada.

LA GUERRA
DE GOG Y MAGOG

La batalla entre la interioridad y la exterioridad se llama "La Guerra de Gog y Magog". Se extiende dentro del pueblo de Israel, y sus consecuencias determinan el destino del mundo entero. Si triunfamos, nos ahorramos las descripciones horripilantes de la Guerra de Gog y Magog como una guerra apocalíptica global.

La Guerra de Gog y Magog es en realidad una guerra interna, que acontece dentro de los individuos de Israel. No es una guerra física con aviones y misiles, como se piensa a menudo. Los aviones y los misiles no son la guerra real, son simplemente manifestaciones físicas de desequilibrio acumulado.

La Guerra de Gog y Magog es un conflicto entre la interioridad y la exterioridad de nuestros deseos. Es librada en nuestros corazones y en nuestras mentes. A medida que se desarrolla, nos da una opción. ¿A cuál queremos pertenecer? ¿Preferimos la interioridad del mundo o su exterioridad? ¿Hacia dónde están atraídos nuestros deseos, mentes, y corazones? Esta es la guerra. Y el propósito de este libro es hacer conciencia en cada persona de Israel de que su interioridad determina todo lo que ocurre en el mundo externo.

Para ganar esta guerra, necesitamos un medio que incremente la importancia de la interioridad en nuestros corazones. Precisamente por este propósito, la sabiduría de la Cabalá ha sido revelada en nuestra generación. A través de nuestro exilio, que fue tanto espiritual como físico, hemos sido desconectados de esta sabiduría. Mientras que sólo unos cuantos escogidos han estado corrigiendo sus egos y han percibido la Naturaleza inclusiva al utilizar esta sabiduría, el resto de la nación ha estado completamente desvinculada de esto, permaneciendo solamente con símbolos superficiales de la tradición de Israel.

Debemos estar concientes de que el método de corrección del ego, el cual Moisés entregó a Israel –la Torá (Pentateuco)- fue escrito en el lenguaje de las ramas. Éste utiliza términos corporales (ramas) para señalar elementos espirituales (raíces).

Los cabalistas –personas que han alcanzado la Naturaleza exhaustiva y viven tanto en los mundos físico y espiritual simultáneamente- saben cómo descifrar el lenguaje de las ramas. Ellos identifican a qué raíz espiritual señala cada rama corporal. Por lo tanto, ellos ven la Torá como un instructivo para el trabajo interno en las tres líneas previamente mencionadas; es decir, un instructivo para corregir el ego.

Sin embargo, el resto de las personas puede ver en el lenguaje de las ramas nada más que descripciones corporales. Ellos solamente ven la parte superficial de la Torá, y no tienen idea que hay algo escondido en su interior. Como resultado, en el transcurso del exilio, la gente comenzó a tratar la Torá como algo superficial, como un libro de historia o una constitución legal.

En "La Esencia de la Sabiduría de la Cabalá", y en el *Talmud Eser Sefirot*, Parte Uno, Baal HaSulam se refiere a este fenómeno como "materializar". Explica que eso es una consecuencia de miles de años de la desvinculación de Israel del mundo espiritual.

Hasta nuestra época, los cabalistas mantuvieron silencio acerca de ello. Pero cuando la inmigración a Israel comenzó, marcando el fin del exilio, emergieron del ocultamiento e hicieron un llamado a la gente para que se replanteara su propósito en la vida, el cual ha sido olvidado desde la destrucción del Templo. Ellos exhortaron a la gente a usar la sabiduría de la Cabalá para ese fin.

La Cabalá es única, debido a que utiliza un lenguaje "codificado" de mundos y *Sefirot*. Describe en detalle todos los elementos del ego y las fases para corregir cada uno de ellos. Usando gráficos, tablas, y cálculos, la Cabalá conduce al individuo por los pasos de la corrección del ego, indica el siguiente paso requerido en cada etapa, y explica cómo debe ser hecho. No deja espacio alguno para imaginar que uno puede lograr algo bueno en la vida sin corregir el ego. Finalmente, demuestra que el camino para lograr esta corrección es a través de acciones internas, contemplativas.

Esta es la razón por la cual los cabalistas explicaron que el pueblo de Israel recobraría el equilibrio con la Naturaleza sólo a través de la sabiduría de la Cabalá. Esta es también la razón por la cual ellos emergieron para diseminarla a las masas. Se dieron cuenta que esta era la única manera de que el pueblo de Israel y el mundo entero se acercarían a la redención y liberación de sus adversidades, tal como está escrito "este asunto de la redención... es la suprema plenitud de logro y conocimiento" (Baal HaSulam, "Introducción al Árbol de la Vida").

El Gaón de Vilna (GRÁ) escribió: "La redención depende principalmente del estudio de la Cabalá" (*Even Shlomo*, Capítulo 11, ítem 3). El Rav Kook lo explicó de manera similar: "Las grandes cuestiones espirituales que previamente habían sido resueltas únicamente para los finos y grandes, ahora deben ser resueltas en diversos grados, a toda la nación" (*Eder HaYekar ve Ikvey HaTzon*). De la misma forma, Baal HaSulam en su "Introducción al Árbol de la Vida", determinó que "solo a través de la expansión de la sabiduría de la Cabalá en las masas obtendremos la completa redención". En ese sentido, escribió que estamos obligados a "componer libros, para apresurar la circulación de la sabiduría por toda la nación".

Pero los cabalistas se encontraron con una oposición. No todos los líderes ortodoxos atendieron el llamado; algunos se opusieron y trataron de impedir la diseminación de la Cabalá. Esta reacción es el resultado del exilio espiritual del pueblo por los últimos dos mil años. En cuyo final, o sea, durante el último y espiritualmente más bajo nivel del exilio, incluso personas sin logro espiritual se convirtieron en líderes de su gente.

Un claro ejemplo de este enfoque es el trato que Baal HaSulam recibió cuando comenzó a diseminar la Cabalá entre las masas. Su tarea fue clara: "Encuentro una gran necesidad de romper un muro de hierro que nos ha estado separando de la sabiduría de la Cabalá desde la ruina del Templo hasta esta generación. Éste nos pesa gravemente y despierta miedo de ser olvidada dc Israel" ("Introducción al Estudio de las Díez Sefirot", ítem 1).

En un intento por prevenir la llegada del Holocausto, en 1933 Baal HaSulam publicó una serie de tratados. El primer tratado estableció que habría cincuenta tratados de ese tipo, y el título de ese primer ensayo en el tratado, *Tiempo de Actuar*, claramente indicaba la intención del autor.

Dos semanas más tarde, el segundo tratado fue publicado, *HaArvut (La Garantía Mutua)*, y posterior a éste siguió el tercero, y el último tratado, *HaShalom (La Paz)*.

La intención de Baal HaSulam de diseminar la sabiduría de la Cabalá a las masas no fue del agrado de algunos líderes públicos, que impidieron la publicación de estos ensayos para prevenir la diseminación de la sabiduría. Baal HaSulam no fue el primer cabalista en recibir este "tratamiento". El Ramjal, por ejemplo, sufrió de una actitud similar por sus intentos de despertar a la gente.

En *Las Puertas de Ramjal*, ensayo *El Debate*, p.97, escribió: "Rashbi (Rabí Shimon Bar-Yojai) está alzando tanto su voz, haciendo un llamado a todos aquellos que se enfrascan en la Torá literal, que están adormecidos... Es el fruto del exilio que Israel, a través de nuestras muchas faltas, ha olvidado su camino y ha permanecido adormecido, inmerso en su sueño, ignorándolo... Mirad, estamos en la oscuridad, como los muertos del mundo, como los ciegos a tientas que buscan su camino. No es digno de los rectos seguir ese camino, sino todo lo contrario, abrir los ojos cegados".

La batalla por diseminar el método de corrección en el público es la guerra más importante en la realidad.

Sus consecuencias son realmente graves, debido a que el retrasar la distribución del método hará que la interioridad permita ser dominada por la exterioridad dentro de cada persona, en la nación de Israel y en el mundo entero. Resulta que este balance de fuerzas determina la clase de mundo en el que continuaremos viviendo, si acaso.

Así, ya se ha escrito en *El Libro del Zohar*: "¡Ay de esas personas... que hacen seca la Torá, sin la humedad de mente y conocimiento, y no desean tratar de entender la sabiduría de la Cabalá... Ay de ellos, por lo que estos actos hacen que exista en el mundo pobreza, ruina, y robo, saqueo, asesinatos, y destrucción". (*Zohar, Tikkunim, Tikkun* 30).

El rabino Haim Vital, el discípulo y escribano del Arí, escribió con pesar acerca de eso en su Introducción al *Árbol de la Vida* del Arí: "Ay de aquellas personas que ofendan la Torá. Sin duda, al enfrascarse en lo literal y en sus historias nada más, ésta se viste en ropa de luto y se cubre con un saco. Y todas las naciones dirán a Israel: '¿Por qué tu amado vale más que otro amado?, ¿por qué tu Torá es más que nuestra Torá?. Al fin y al cabo, tu Torá son también historias terrenales triviales'. No hay peor insulto a la Torá que eso. Por ello, ay de aquellas personas que ofendan la Torá. Y no se involucran en la sabiduría de la Cabalá que honra la Torá, porque ellos prolongan el exilio y todos los males que llegan al mundo".

Después del Holocausto, desde 1945 hasta su último día, Baal HaSulam se dedicó a la publicación del *Comentario El Sulam sobre El Libro del Zohar*. En la introducción al comentario, explicó una vez más la urgente necesidad de comenzar a realizar el método de corrección: "Ahora nos toca a nosotros reliquias, corregir esa terrible equivocación... Entonces, todos y cada uno de nosotros logrará intensificar su propia interioridad... Y esa fuerza llegará a la totalidad del pueblo de Israel... Y de igual forma, la interioridad de las Naciones del Mundo, los Justos de las naciones del mundo dominarán y someterán su exterioridad, que son los destructores del mundo. Y también la interioridad del mundo, que es Israel, surgirá con todo su mérito y virtud por encima de la exterioridad del mundo, que son las naciones. Entonces, todas las Naciones del Mundo reconocerán y saludarán el mérito de Israel".

EL FUTURO DEL MUNDO ESTÁ EN NUESTRAS MANOS

De lo que se ha dicho en este capítulo, parece que la solución a la crisis global depende particularmente de nosotros, de todos y cada uno de los miembros de la nación de Israel; no de sus líderes, sino de cada individuo.

Cada momento que no cumplamos nuestro rol nos está costando mucho. El deber del pueblo de Israel es uno que no puede ser evadido o rehusado. Tampoco puede ser ignorado.

Es como la historia bíblica del profeta Jonás, que fue enviado a advertir a los residentes de Nínive acerca del peligro que estaban enfrentando. Jonás trató de escapar de la asignación que le fue dada, pero estaba forzado a completar su misión.

La historia de Jonás es una alegoría pertinente para todos nosotros. Esta es la razón por la que los cabalistas dieron instrucción que sería leído todos los años en *Yom Kippur* (Día del Tormento), el día de introspección. Es un recordatorio de nuestro deber.

Aún si quisiéramos escapar de nuestro deber e irnos a otros países en el extranjero, eso no nos eximiría de la responsabilidad que tenemos a nuestro cargo. Tal como los marineros en el bote de Jonás sintieron que debían culparlo por la tormenta que estaba por hundirlos, y lo lanzaron fuera del bote, actualmente las naciones del mundo están sintiendo que somos los culpables por los predicamentos del mundo, y su presión sobre nosotros se incrementará rápidamente. La oscura realidad en la que nos encontramos hoy en día podría ser sólo el principio de lo que se avecina.

Hemos construido en Israel una burbuja artificial, y estamos viviendo nuestra rutina diaria sobre esa base. La mayoría de nosotros cree que somos capaces de superar a nuestros vecinos por medio de la fuerza militar o que algún día lograremos hacer la paz con ellos. De cualquier manera, la atmósfera general es, "Todo estará bien". No estamos conscientes del golpe que acecha, y así continuamos con nuestras vidas diarias.

Las vicisitudes que nos afligen hoy en día, están especialmente destinadas a despertarnos para hacer nuestro deber. En el momento que nos replanteemos y entendamos en lo individual y como pueblo, cuál es la esencia de nuestra existencia en el mundo y nuestro rol, podremos restablecer la conexión que perdimos con el mundo espiritual, y volver a experimentar seguridad, prosperidad, independencia y plenitud.

Por ahora, se nos permite vivir en Israel, pese a que estamos atrasados con la ejecución del plan de la Naturaleza. Este estado es similar al que existió antes de la ruina del Segundo Templo. Las señales de la ruina estuvieron ahí unos setenta años antes de la destrucción misma, cuando la gente descendió a los niveles más bajos de corporalidad, odio infundado. Sin embargo, el Templo siguió en pie por un tiempo más, y el pueblo aún no fue exilado.

En esa época, la ruina ya había ocurrido en el nivel de fuerzas, pero todavía tenía que materializarse. Estuvo "retrasada" por varias décadas. En la actualidad, también, hay una demora, pero es así para que llevemos a cabo la corrección. Tan pronto que, incluso unos cuantos de nosotros comencemos a "inclinarnos" hacia la realización de nuestro deber, el balance de las fuerzas de la Naturaleza cambiará. El comienzo de la realización del método para corregir el ego producirá un cambio inmediato en todo el planeta. Mientras tanto, no es sorprendente que la mayoría piense que los judíos están manipulando el mundo, que tienen algún secreto que no están dispuestos a compartir.

Cuando nuestros pensamientos son egoístas, todos nosotros estamos enfermando al mundo. Sin embargo, si queremos cambiar, los pensamientos altruistas nos permitirán modificarlo para bien, a velocidad de la luz. Hemos sido "escogidos" en el sentido que dentro de nosotros hay poderes de pensamiento y voluntad o albedrío, con los que, usados correctamente, nos permitirán cambiar la realidad de forma instantánea. Debemos reconocer eso y así "sentenciar al mundo a una balanza de mérito" (Talmud Babilónico, Kidushin, 40:2).

Hoy en día, se recomienda que cada persona llegue a conocer los principios del método de corrección, trate de percatarse de ellos dentro de sí y transmita este conocimiento a los demás. Cuando leemos libros relacionados con el método de corrección, o encontramos material similar presentado en Internet, o vemos un vídeo sobre ese tema, eso fortalece nuestra interioridad. Esto intensificará la sensación de que nuestro propio futuro, nuestra felicidad y la felicidad de nuestros seres queridos, depende solamente del logro del equilibrio con la Naturaleza altruista, lo cual hará que aspiremos a eso. Al hacerlo, nosotros de inmediato cambiaremos el curso de nuestras vidas.

Toda nación tiene una raíz genética que la caracteriza. Lo que hace singular a la la nación israelí, distinguiéndola de las demás es *su raíz espiritual*. Eso quiere decir que el pueblo judío está destinado a conducir a toda la humanidad al nivel más elevado posible de existencia.

Resumiendo, debemos estar conscientes de que somos gente especial. Todo lo que nos sucede, ocurre *por* nosotros. No hay nadie más a quien culpar salvo a nosotros mismos. Nadie determina nada por nosotros, y no hay otra nación en el mundo que determine completamente todo lo que le ocurre.

Puede que sea difícil aceptar y asimilarlo, pero todo está en nuestras manos y depende de nosotros. Somos los únicos que determinan su destino, y el destino del mundo entero.

Notas

[1] Organización Mundial de la Salud (OMS), Salud mental, depresión, http://www.who.int/mental_health/management/depression/definition/en/; OMS, Reporte de estadísticas: Desórdenes mentales y neurológicos, http://www.who.int/whr/2001/media_centre/en/. Los datos fueron tomados del sitio de la OMS, así como del sitio del Ministerio de Salud de Israel, http://www.health.gov.il/download/mental/annual2003/p2-12.pdf

[2] Organización Mundial de la Salud (OMS), Salud mental, índice de suicidios por cada 100,000 según país, año y sexo, http://www.who.int/mental_health/prevention/suicide//en/Figures_web0604_table.pdf

[3] Dra. Dalia Gilboa, jefa del Comité Inter-ministerial para la prevención del suicidio juvenil, http://health.gov.il/pages/default.asp?maincat=10&catId=75

[4] La Oficina de la Casa Blanca de Política Nacional de Control de Drogas (ONDCP), Agencia de Información de Política Antidrogas, Hoja Informativa, marzo 2003.

⁵ Publicado el 27 de junio, 2006, http:/www.ynet.co.il/articles/0,7340,L-3267779,00.html. El reporte completo está disponible en el sitio Web de las Naciones Unidas, http://www.unodc.org/unodc/en/world_drug_report.html,

⁶ Los datos han sido tomados de http://www.divorcemarg.com/statistics/statsWorld.shtm

⁷ Publicado en un artículo del periódicoYedioth Aharonot. Mayo 14, 2006.

⁸ En Arameo, *Babel* se deriva de la palabra *Bilbul*, que significa confusión y mezcla.

⁹ Al respecto, se recomienda leer la descripción del Rambam de este proceso en *The Mighty Hand, Laws of Idolatry (La mano poderosa, leyes de idolatría)*, Capítulo 1, ítem 3.

¹⁰ A. Nebel, D. Filon, B. Brinkmann, PP. Majumder, M. Faerman, A. Oppenheim, *The Y chromosome pool of Jews as part of the genetic landscape of the Middle East (El acervo genético del cromosoma Y en los judíos, como parte del panorama del Medio Oriente)*, The American Journal of Human Genetics (Revista Americana de Genética Humana), 2001, 1095-112:(5)69.

¹¹ http://www.makorrishon.net/show.asp?id=14018

¹² http://www.nrg.co.il/online/11/ART1/486/489.html

¹³ Nota: La implementación práctica de los principios, tal como son presentados en los escritos de Baal HaSulam, es explicada en el libro: *La Última Generación* del Rav Laitman.

¹⁴ http://www.nfc.co.il/NewsPrintVersion.asp?docId=33202&subjectID=1

Lectura adicional

Cabalá: *Alcanzando los Mundos Superiores* (Grupo Planeta Chile-Sudamérica): Una meta importante en el estudio de la Cabalá es utilizar este conocimiento para influir en el destino de cada uno de nosotros. El proceso incluye darnos cuenta del verdadero propósito de estar aquí, descubriendo el significado de la vida y la razón por la cual ésta se nos ha otorgado.

Alcanzando los Mundos Superiores es una magnífica introducción a la sabiduría de la Cabalá, un primer paso hacia el descubrimiento del máximo logro del ascenso espiritual. Este libro llega a todos aquellos que buscan respuestas y y para quienes tratan de encotrar una manera lógica y confiable de entender los fenómenos mundiales. Brinda una nueva clase de conciencia que ilumina la mente, da vitalidad al corazón y lleva al lector a las profundidas de su alma.

Tu propósito en la vida (Grupo Planeta México): La Cabalá es una sabiduría ancestral, con 5,000 años de antigüedad, que se remonta a la antigua Mesopotamia. Detalla cómo están conformados los mundos, incluyendo el nuestro, y las fuerzas que actúan sobre nosotros.

Escrituras del signo pasado explican que somos la primera generación capaz de usar la Cabalá en nuestro mundo, el mundo material infinito.

Tu propósito en la vida es una versión más corta, pero no menos profunda, del libro Alcanzando los Mundos Superiores para quienes deseen realizar una lectura sintetizada de este libro, el cual permite al lector progresar en la comprensión de esta sabiduría y utlizar dicho conocimiento de forma apropiada, elevando la mirada por encima del horizonte del universo material.

Cabala Alcançando Mundos Superiores (Grupo Planeta Brasil): O cabalista Dr. Michael Laitman ensina passo a passo como as pessoas podem usar os conhecimentos da Cabala no cotidiano. A partir da reflexão sobre suas próprias vidas, os leitores conseguirão deixar suas limitações materiais e alterar a percepção da realidade.

El poder de la Cabalá. Alcanzando los Mundos Superiores (Grupo Planeta España): Un manual de instrucciones para la vida. La Cabalá se ha popularizado en los últimos tiempos en occidente como método para comprender y vivir en armonía con las leyes del universo.

Cabalá para principiantes (Editorial Obelisco): La sabiduría de la Cabalá es un método antiguo experimentado, mediante el cual el ser humano puede recibir una conciencia superior, alcanzando la espiritualidad. Si alguien siente un deseo y un anhelo de espiritualidad, podrá encauzarlo por medio de la sabiduría de la Cabalá, otorgada por el Creador.

La Cabalá enseña un método práctico para aprender a conectar con el Mundo Superior y la fuente de nuestra existencia mientras estamos en este mundo. El hombre alcanza así la perfección, toma las riendas de su vida y trasciende los límites del tiempo y del espacio, llenando de sentido su vida y alcanzando la serenidad y el gozo infinito desde este mundo.

EL TÍTULO "ALCANZANDO LOS MUNDOS SUPERIORES" ha sido publicado en diversos países: Chile, México, Brasil (en portugués) y España. Aunque el contenido base es el mismo, la presentación y extensión de la obra varían según el país de edición.

PRÓXIMA PUBLICACIÓN:

Del caos a la armonía. La solución a la crisis global de acuerdo a la sabiduría de la Cabalá.

Acerca de Bnei Baruj

Bnei Baruj es una institución sin fines de lucro que tiene como propósito la difusión de la sabiduría de la Cabalá para acelerar la espiritualidad de la humanidad. El cabalista Rav Dr. Michael Laitman, quién fue discípulo y asistente personal del Rabí Baruj Ashlag, hijo del Rabí Yehuda Ashlag (autor del comentario sobre el Zohar), sigue los pasos de su mentor guiando al grupo hacia el logro de la misión.

El método científico de Laitman provee a los individuos de todas las creencias, religiones y culturas las herramientas necesarias y precisas para embarcarse en un camino altamente eficaz de auto-descubrimiento y ascenso espiritual. Enfocándose en el proceso interno que los individuos llevan a su propio ritmo, Bnei Baruj, da la bienvenida a la gente de todas las edades y estilos de vida para que se incorporen en este gratificante proceso.

En años recientes, ha surgido una masiva búsqueda mundial por las respuestas a las preguntas acerca de la vida. La sociedad ha perdido su habilidad de ver la realidad por lo que ésta es, y en su lugar, han aparecido puntos de vista y opiniones formadas a la ligera. Bnei Baruj llega a todos aquellos que están buscando conciencia mas allá de lo estándar, a gente que busca entender cuál es nuestro verdadero propósito de estar aquí.

Bnei Baruj ofrece una guía práctica y un método confiable para entender los fenómenos mundiales. El auténtico método de enseñanza, concebido por el Rabí Yehuda Ashlag, no sólo ayuda a sobreponerse a las dificultades y tribulaciones de la vida diaria, sino que además inicia un proceso en el cual los individuos superan sus fronteras y limitaciones actuales.

El rabino Yehuda Ashlag dejó un método de estudio para esta generación, el cual esencialmente "entrena" a los individuos para comportarse como si ellos ya hubieran alcanzado la perfección de los Mundos Superiores, aún permaneciendo aquí en nuestro mundo. En las palabras del rabino Yehuda Ashlag, "Este método es un camino práctico para comprender el Mundo Superior y la fuente de nuestra existencia mientras aún vivimos en este mundo".

El cabalista es un investigador que estudia su propia naturaleza utilizando este método preciso, probado a través del tiempo. A través de este método, el hombre alcanza la perfección, toma control y descubre el propósito de su vida. Tal como una persona no puede conducirse apropiadamente en este mundo sin tener este conocimiento, así también su alma no puede funcionar de manera correcta en el Mundo Superior sin conocer de él. La sabiduría de la Cabalá provee este conocimiento.

CÓMO CONTACTAR
BNEI BARUJ

1057 Steeles Avenue West, Suite 532
Toronto, ON, M2R 3X1, Canadá

194 Quentin Rd, 2° piso
Brooklyn, New York, 11223, USA

Correo electrónico: info@kabbalah.info
Sitio Web: www.kabbalah.info

Línea gratis en Estados Unidos y Canadá:

1-866-LAITMAN
Fax: 1-905 886 9697

www.ingramcontent.com/pod-product-compliance
Lightning Source LLC
Chambersburg PA
CBHW071447030726
47593CB00003B/926